세상과 나를 바꾸는 지도,
커뮤니티매핑

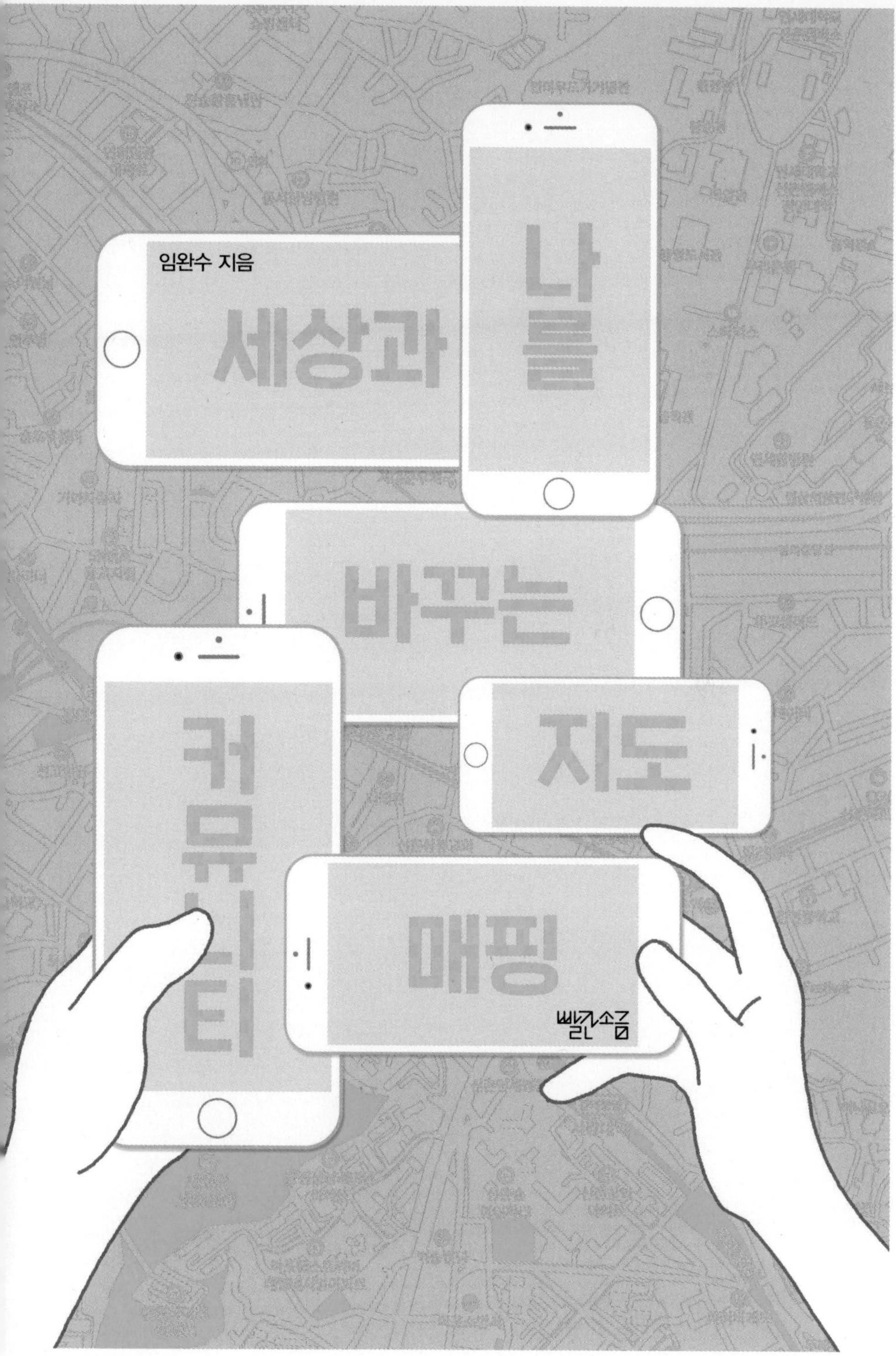
임완수 지음
세상과
나를
바꾸는
지도
커뮤니티
매핑
빨간소금

들어가며

"안녕하세요, 커뮤니티매핑센터의 임완수입니다."

자기소개를 할 때마다 이 말을 한다. 어느새 그렇게 되어버렸다. 2013년 3월, 한국에 커뮤니티매핑센터를 설립하고 그때부터 지금까지 대표이사로 일하고 있다. 대학에서 학생들을 가르치는 일도 하고 있다. 내가 일하는 학교는 미국 테네시주 내슈빌에 있는 메해리 의과대학이다. 한국에 있는 커뮤니티매핑센터의 대표이사면서 미국에서 일한다니 이상하게 들릴 수 있을 것 같다. 이 두 가지 일을 하기 위해 4~6주에 한 번씩 한국에 온다. 비행기를 열다섯 시간 넘게 타고 오가며 한국에서는 커뮤니티매핑센터 일을 하고 미국에 돌아가서는 의과대학생 및 보건학과 대학원생들과 의료 서비스와 빅데이터 그리고 지리정보와 관련한 연구와 수업을 한다.

1990년에 미국 노스캐롤라이나주 채플힐에 있는 노스캐롤라이나 대학의 도시 및 지역계획학과에서 석사학위를 받았다. 그때 처음으로 지리정보시스템(GIS)을 배웠고, 지역의 소음과 관련한 연구로 석사논문을 썼다. 그리고 1990년 뉴저지 주립 럿거스 대학에서 도시계획 및 공공정책으로 박사과정을 시작했다. 노스캐롤라이나에서 배운 지리정보시스템 덕분에 학교에서 조교로 일했고, 지리정보 관련 다양한 프로젝트도 했다. 이후 1992년에 뉴저지에서 버티시스(VERTICES)라는 지리정보 회사를 설립해 운영하고 있다.

2001년에 흑인과 백인 아이들의 천식에 관한 논문으로 박사학위를 취득했다. 다양한 사회경제 데이터와 공기 오염 데이터가 어떻게 아동 천식에 영향을 미치는지와, 흑인 아이들과 백인 아이들의 천식으로 인한 병원 입원율의 차이를 연구했다. 이후 도시계획과 정책에 GIS를 도입해 연구하다 보니, 더 나은 삶의 질과 사회혁신에 관련한 일에 관심을 갖게 되었고, 보건학과 보건 데이터에도 관심을 갖게 되었다.

도시에는 많은 사람들이 모여 산다. 하지만 각자 일이 바빠 어떤 사람들이 내 주변에 살고 있는지 잘 알지 못한다. 사람과 사람 사이에 떠도는 것들이 있는데 그것이 바로 정보다. 정보는 눈에 보이지 않지만, 한 사람이 가지고 있는 정보와 그 옆 사람이 가지고 있는 정보는 다르다. 정보는 개인의 소유가 되기도 하고, 살아 움직이는 바이러스처럼 다른 사람에게 전달되기도 한다. 도시에 떠도는 정보는 상당히 흥미롭다. 누군가는 정보를 많이 가지고 있고 누군가는 얼마 갖고 있지 못하다. 정보가 많은 사람은 도시의 기능을 잘 활용해서 남들보다 더 빠르고 편리하게 움직인다.

조금 더 구체적으로 이야기하면, 한국의 수도 서울은 지하철이 곳곳을 누빈다. 내가 미국에 갈 때만 해도 4호선까지밖에 없었는데 지금은 몇 개 노선이 있는지도 잘 모르겠다. 매일 같은 지하철 노선을 따라 움직이는 사람은 몇 번째 칸, 몇 번째 문 앞에서 내리면 바로 계단으로 빠르게 이동할 수 있는지 알고 있다. 그런 사람은 남들보다 조금 더 빠르게 지하철을 환승해 목적지에 도착할 수 있다. 도시 기능이 숨겨둔 정보를 활용하는 것이다. 예전엔 이런 정보를 혼자 알거나 가까운 지인에게만 살짝 알려주곤 했다. 요즘은 앱으로 이런 정보를 살펴볼 수 있다. 내가 가진 의문은 이것이다. 빠르고 재치 있는 사람들만 알고 있는 정보를 조금 더 많은 사람들이 갖게 되면 어떻게 될까? 지하철의 한쪽 출구에만 사람이 몰려 더 큰 혼란이 생길 수 있다. 하지만 모든 사람들이 재빠름을 좋아하는 건 아니다. 그래서 그런 혼란은 거의 생기지 않는다. 참 신기하다.

모두가 다른 성향을 가지고 있는 만큼 각자 가진 정보도 다르다. 이 정보를 잘 정리해서 널리 퍼뜨리면 각자 원하는 정보만 취해서 사용할 수 있다. 물론 관심이 없는 사람이 있을 텐데 그것도 개인의 취향이니까 괜찮다. 정보가 힘이라는 말을 많이 들어봤을 것이다. 경쟁사회에서는 더 많은 정보를 가져야 유리하다. 정보를 많이 갖기 위해선 일정한 지적 능력이 필요하다. 경험도 많아야 한다. 그렇지 못한 사람은 정보에서 소외되기 십상이다. 이런 문제는 불평등을 가져온다. 모든 사람이 신 앞에, 법 앞에 평등하다면 일단 정보를 펼쳐놓고 그중에 필요한 걸 골라 가지게 하면 어떨까?

또한 이런 정보를 잘 정리해서 펼쳐놓으면 도시의 특성들이 보인다. 어떤 지역에는 유난히 전염병이 잘 생기고, 어떤 지역엔 특정 질환을 가진 환자가 집중된다. 보건학 통계는 이런 것들을 다룬다. 감기에 자주 걸리는 사람이 유독 많은 지역, 면역 질환이 많은 사람이 유난히 모여 있는 구역을 알 수 있다. 그렇다면 그런 사람들이 모여 사는 지역의 어떤 환경 요인이 사람들의 질병을 악화시키거나 건강을 해친다는 의심을 해볼 수 있다. 이 의심을 조금 더 발전시키면 질병과 건강을 해치는 요인을 찾아낼 수 있다. 궁극적으로 한 사람의 삶을 조금 더 나은 형태로 바꿔나갈 수 있는 근거를 찾아내는 것이다.

커뮤니티매핑(Community Mapping)은 앞서 나열한 여러 가지 의문에서 시작했다. 모든 사람들이 평등하게 지리정보를 접하고 이용할 수 있도록 하는 것이다. 눈에 보이지 않고 손에 잡히지 않는 정보를 정보에서 소외된 사람들이 쉽게 접근해 활용하게 되면 좋은 일이 생길 거라고 믿었다. 결과적으로 내 믿음이 맞았다. 커뮤니티매핑을 통해 많은 사람들이 더 나은 삶을 만들어나갈 수 있다고 확신했고, 감동했다. 어떤 사람들은 세상을 보는 눈이 달라졌다고도 했다. 커뮤니티매핑은 무궁무진하게 발전하고 진화할 수 있다. 수년 간 한국에서 커뮤니티매핑을 진행하며 가슴 벅찬 경험을 많이 했다. 그 많은 이야기들을 한 군데에 정리하고자 이 책을 썼다.

내가 늘 믿고 의지하는 말은 "협력해 선을 이룬다"이다. 커뮤니티매핑은 내가 추구하는 가치관을 실현시켜주었다. 커뮤니티매핑에 담긴 생각을 많은 사람들과 함께 나누고, 커뮤니티매핑을 통해 내가 사는 세상을 조금씩 바꿔나갈 수 있는 우리가 되었으면 한다.

커뮤니티매핑에 관한 책을 2013년부터 쓴다고 했는데 8년이 지나서야 나왔다. 그동안 너무나 많은 분들이 도와주셨다. 한분 한분 이름이나마 적어서 꼭 감사를 드리고 싶다. 이 안에는 나의 어머니, 아버지, 스승, 친구, 동료, 제자의 이름이 있다. 다들 너무 감사하다.

강민지, 강용호, 강한결, 강한얼, 강태현, 강지현, 고준환, 곽지은, 권용화, 권은주, 권찬, 김광철, 김경태, 김만석, 김미옥, 김선자, 김성균, 김영석, 김영선, 김연경, 김영훈, 김인아, 김영진, 김정자, 김주혜, 김현아, 김현수, 김현정, 김홍길, 나종민, 남궁성, 노재천, David Jo, Dona Schneider, 류경미, 류상규, Raymond Burby, Mark Salling, 민경중, 박선자, 박성기, 박승하, 박인성, 박정아, 박정섭, 배성호, 배준오, 서경원, 서정주, 성선종, 손량희, 송원용, 서명지, 신민철, 서원빈, 서희선, 손재호, Cindie, Susan Fainstein, 안병준, 안재정, 안정원, 양옥경, 오상민, 윤병훈, 이민석, 이미지, 이범순, 이석환, 이수종, 이승훈, 이정민, 이종진, 이원빈, 이은경, 이은지, 이임평, 이철호, 이하나, 이하영, 임유선, 임유민, 임유진, 임종국, 임진욱, 임중혁, 임현진, 장영승, 전은이, 전은호, 정재훈, 정지훈, 장원선, 정영만, 정유주, 정희선, 전정훈, 정낙순, 정재권, 정재훈, 정지훈, 조병우, 주광술, 주성진, 주은미, 최근호, 최덕훈, 최영선, 최운정, 최창규, 최철호, Keith Kim, 황정은, 황학인, 황지은, 허민, 허태정, 허유정, 홍미애, 홍태욱.

2021년 6월

임완수

차례

1부

커뮤니티매핑이란

1

정보를 공동으로
생산하는 과정

커뮤니티매핑을 이해하는 키워드는 두말할 나위 없이 정보(information)이다. 커뮤니티매핑은 본질적으로 사람들에게 유용한 정보를 모으는 과정이다. 이 과정에서 공동체 구성원들과 '함께' 유용한 정보를 모은다는 점이 중요하다. 그렇다면 공동체 구성원들과 함께 모은 정보를 어떻게 담아둘 수 있을까? 구슬이 서 말이어도 꿰어야 보배라고 했다. 서 말의 구슬에 해당하는 유용한 정보를 잘 꿰어 소중한 보배로 만들기 위해서는 기술이 필요하다.

커뮤니티매핑을 가능하게 해주는 기술적 배경은 GIS이다. GIS는 Geographic Information System의 약자로, 사람이 살아가는 데 필요한 지리정보를 컴퓨터 데이터로 변환시켜 효율적으로 활용하기 위한 위치 기반의 지리정보시스템을 말한다. 지리정보는 인간이 벽화에 사냥 그림을 그리면서부터 시작되었다고 볼 수 있다. 라스코 동굴

벽화를 비롯해 원시 시대 인류가 그렸던 동물 그림은 어디로 가면 사나운 동물을 만날 수 있고, 어디로 가면 안전하게 사냥에 성공할 수 있는지를 알려준다. 이런 것이 지리정보다. 원시 시대에는 이런 정보가 지금보다 더 절실히 와닿았을지 모른다. 완전히 자연 속에서 살아야 하고 스스로를 지킬 수 있는 문명이나 기계, 도시 시스템이 없을 때는 정보 하나로 생사가 달라질 수 있었을 것이다.

현대 사회의 두드러진 특징 중 하나는 지식정보의 보편화, 즉 정보가 평범한 사람들에게 잘 전달될 수 있는 조건이 갖춰진 것이다. 관련 분야에 종사하지 않아도 쉽게 정보를 이해할 수 있다면 정보를 잘 활용할 수 있다. 원한다면 좋은 정보를 얻어낼 수도 있다. 정보 생산자와 정보 소비자가 분명하게 나뉘지 않고 모두 겹쳐져 있다. 인터넷과 스마트폰의 영향이 크다. 정보통신기술이 발달하고 누구나 사용할 수 있게 되면서 사람들은 언제 어디서나 필요한 정보에 접근할 수 있다. 정보가 우리 곁에 바짝 다가온 것은 불과 10년 사이에 일어난 일이다. 내가 처음 미국에 가서 지리정보를 접할 때만 해도 GIS는 규모가 큰 정부기관, 대학, 대기업만 사용할 수 있었다. 비용이 아주 비쌌다. 데이터 관리, 적당한 기기, 기술진도 필요했다.

나는 서울의 한양대학교에서 도시공학을 전공했다. 도시를 만들고 계획하는 것뿐만 아니라 도시가 어떻게 작동하는지 공부했다. 도시는 인간이 살아가는 생활을 집약적으로 담은 공간이다. 시골보다 도시가 편한 까닭은 가까운 곳에서 남들이 만든 물건을 쉽게 살 수 있고 그 물건을 직접 만들어내는 시간에 다른 활동을 할 수 있기 때문이다. 지금의 도시는 물건을 사느라 시간과 노동을 계속 팔아야 하는 구조로 변하고 있지만, 어쨌든 내가 처음 접근했던 도시의 개념은 인간 생활의 편리함을 극대화시키는 집단 구조였다.

도시공학 중에서 내가 관심을 가진 분야는 도시재개발이었다. 우리나라는 특히 도시재개발과 철거의 부침이 심하다. 서울만 놓고 보더라도 1970년대 산업화 과정에서 수많은 농민들이 서울로 몰려들어 도시 빈민이 생겨났다. 이 빈민들은 도시 한쪽에 자생적인 마을을 만들어 살았지만 도시계획이 수정되고 정책이 발표될 때마다 낯선 곳으로 강제 이주하거나 반강제로 살던 곳을 떠나야 했다. 어린 시절, 도시개발이 가난한 사람들을 계속 몰아붙인다는 느낌을 받았다. 가난한 사람들은 계속 가난한 도시의 변두리에 살아야 했고, 도시가 커지고 근사해질 때마다 점점 더 가난해졌다.

1988년에 도시개발의 역사를 다시 쓴 사건이 일어났다. 서울올림픽이 열리면서 외국인에게 누추한 모습을 보이고 싶지 않은 정부가 성급하게 도시개발을 서둘렀다. 빈민가의 철거가 극단적으로 이루어졌고 다치고 죽는 사람마저 생겼다. 공교롭게도 나는 올림픽이 열리기 직전인 1987년에 도시재개발에 관련한 졸업논문을 쓰고 이듬해 미국 유학을 떠났다. 마이클 조던이 다녔다고 해서 더 유명해진 노스캐롤라이나 대학에서 도시 및 지역계획을 전공했다. 도시계획 중 특히 환경과 토지 이용을 공부했다. 공부에 대단한 재능을 보였다기보다 언어를 배우고 미국문화를 배우느라 바빴다. 미국에서의 새로운 생활에 적응하는 데 집중했다.

1989년에 세 번째 학기를 맞아 처음으로 GIS 개념을 배웠다. 영어도 어눌한데 새로운 개념이라 쉽지 않았다. 뭐라고 하는지 잘 이해하지 못했지만 기를 쓰고 학업에 매달려 간신히 수료했다. 이때 내가 사는 동네의 소음을 측정해서 지리정보시스템으로 소음 지도를 만들어 졸업논문을 썼다. 한국에서 커뮤니티매핑으로 소음 지도를 만들었다는 이야기를 들으면 그때 생각이 나서 슬며시 웃음이 난다.

내가 살던 곳은 학교에서 학생에게 제공하는 오덤빌리지라는 아파트였다. 근처에 병원과 의료용 헬기장이 있었다. 헬기장이 가까워 소음이 엄청났다. 사람들이 많이 불평했다. 헬기장을 옮길 수 있을까? 옮기려면 여기 사람들이 얼마나 불편해하는지, 사람들의 삶에 어떤 영향을 끼치는지 근거 자료가 필요했다. 내 이웃들의 의견을 잘 들어서 데이터로 만들어야 했다. 꼭 헬기장을 옮겨달라 요청하려고 그랬다기보다는, 정말 소음이 우리 삶을 어떻게 바꾸는지 눈에 보이는 데이터가 필요했다. 집집마다 찾아다니며 내 논문 프로젝트를 설명했다.

"안녕하세요. 저는 노스캐롤라이나 대학의 학생 임완수라고 합니다. 주변 헬기장이 우리 동네에 어떤 영향을 끼치는지 조사하고 있어요"라고 운을 떼며 의견을 들었다. 어떤 기분이 드는지, 얼마나 방해가 되는지, 혹시 이로 인한 건강상의 문제는 없는지 등 사람들이 체감하는 정도를 조사했다. 그리고 소음 측정기를 가지고 다니며 각 지점마다 소음의 크기를 측정해서 지도에 입력했다. 이 내용으로 사람들의 삶에 미치는 소음의 영향력을 연구해 석사논문을 썼다. 이것이 나의 첫 GIS 작업이다. 커뮤니티매핑이 가능했다면 더 조직적으로 세밀한 데이터를 만들 수 있었을 것이다.

도시계획 분야에서 GIS에 대한 수요가 점점 늘어났다. 정확한 이론이 정립되기 전이었다. 사람들이 관심을 가지면서 GIS로 상당한 데이터를 축적할 수 있다는 사실에 모두 동의했지만 연구가 부족했다. 이제 막 도입된 방법이었기 때문이다. 도시계획 및 공공정책 박사학위를 위해 1990년에 뉴저지 주립 럿거스 대학교(Rutgers, the State University of New Jersey)로 옮겼을 때 GIS를 가르칠 사람이 없어서 학비와 생활비를 제공하는 조교 자리를 얻었다. 이때만 해도 GIS에 대한 성찰은 없었다.

당시 나를 가르쳤던 선생님들은 불평등과 사회 구조에 관심이 많았다. 그들은 사회 전반에 걸친 불평등이 도시 구조로 나타나며, 도시 구조 속에서 개인의 삶이 불평등한 채로 방치된다는 사실에 주목했다. GIS는 지리정보를 이용할 수 있고 고급 정보를 받아들일 수 있는 큰 기관들의 전유물이었다. 다양한 고급 정보에 접근할 수 있는 이런 기관들은 사회적으로 유리한 위치를 선점할 수밖에 없다. 이전엔 미처 생각하지 못한 것들이었다. 내가 사회를 조금 안일하게 봤던 것 같다. 누군가는 나에게 순진하다고 했다. 보통 사람들보다 더 힘들게 사는 사람들이 많다는 건 알고 있었지만, 불평등이 어디서 오는지에 대해서는 별로 생각하지 못했다. 어떤 사람들은 정보를 독점할 수 있고, 이 정보가 돈이 되고, 가진 사람들은 더 많이 가질 수 있다는 걸 깨달았달까. 그저 슬프고 안타까웠다.

1991년 미국에서 역사적인 사건이 일어난다. 한인타운에서 폭동이 일어난 것이다. 익히 알려진 대로, 한인들과 유색인종들 간의 갈등이 폭발하면서 도시는 걷잡을 수 없는 혼란에 빠졌다. 응축된 갈등이 폭발한 이 사건은 이주민으로 이루어진 나라에서 통합과 다양성의 존중이 가능한가를 의심케 했다. 학계는 이 갈등을 놓고 여러 가지 연구를 시작했다. 내 연구 분야에서도 지리정보를 기반으로 인종차별에 관한 연구가 시작되었다.

내 지도교수님은 수잔 파인스타인이라는 도시사회이론가였다. 내 둘째 딸의 대모이기도 한 이분께 도시이론, 도시재개발과 젠트리피케이션(gentrification)을 배웠다. 미국에서도 도시재개발이 시작되었고 노후한 도시를 어떻게 효율적으로 정비하느냐가 행정부의 과제로 떠올랐다. 가난한 사람들이 사는 낙후 지역에 기피 시설이 들어서기 마련이다. 새로 도시를 개발할 때는 당연히 비용이 들어간다. 이 비용을 국가공동체가 부담할 것인가 기업이 부담할 것인가에 따라 결과는 큰 차이가 난다. 대부분 국가공동체가 부담하기 어려워 기업이 끼어들고 민간자본이 들어온다. 결과적으로 새롭게 떠오르는 곳은 사람들의 주목을 받으면서 토지 비용과 건물임대료가 가파르게 상승한다.

한국에서는 2010년대에 들어서 젠트리피케이션 문제가 불거졌지만 미국에서는 그보다 20년 먼저 이 문제를 논했다. 내가 처음 젠트리피케이션에 관한 논문을 쓴 때는 1991년이다. 필라델피아의 한국 상인들이 입점한 올니(Olney)라는 지역에 관해서였다. 논문을 쓰고 파인스타인 교수님의 지도를 받으며 그제야 나는 사회에서 말하는 위너(승리한 자)와 루저(잃은 자) 개념을 이해했다. 한 사람이 어떤 삶을 어떻게 살아왔느냐와 상관없이, 이뤄낸 성과와 현재 가진 것으로 계층이 나뉜다는 걸 알게 되었다. 연구를 위해 현장을 돌아보고 사람들을 만나보니 내가 미국으로 오기 전에 느꼈던 한국에서의 그 복잡한 감정들의 원인이 드러났다. 불행한 일을 겪은 사람들이 자신의 의지와 무관하게 갑자기 가난해져버린 것이다. 공부를 거듭할수록 지리정보의 중요성을 깨달았다. 왜냐하면 지리정보는 엄청나게 많은 정보를 담을 수 있고 이를 통해 다양한 분석이 가능하기 때문이다.

2002년, 내가 있던 뉴저지 주립 럿거스 대학교에서 주민참여형 지리정보시스템 학회가 열렸다. 내가 알기로는 첫 공식적 '주민참여형 지리정보시스템' 학회다. 그때는 이것을 PPGIS(Public Participation GIS)라고 불렀다. 주민참여형 지리정보시스템 개념이 어설프게나마 정리되기 시작했다. 당시는 PPGIS에 대한 관심이 높았지만 기술과 데이터 등이 뒤따르지 못했다. 주민이 참여하려면 더 쉽고 간단한 기술이 필요했다. 지리적 정보와 지식을 가진 사람들이 아니더라도 주민들은 지리정보를 꽤 많이 가지고 있다. 한 사람이 가진 정보는 연구자가 다 헤아릴 수 없을 정도다.

매일 집에서 회사까지 30분 정도 되는 거리를 출퇴근하는 30대 시민이 있다. 이 사람이 마을버스와 지하철을 이용한다고 생각해보자. 이 사람은 자기 집에서 나와 출근할 때까지 정보를 샅샅이 알고 있을 것이다. 어느 집 주변에 무단투기 쓰레기가 많은지, 아파트라면 주차장의 어떤 위치가 일찍 비는지, 어떤 차가 자기 출근 전에 사라지고 출근할 때 남아 있는지, 버스를 타기에 좋은 장소 주변에 포트홀이 있는지, 버스를 탈 때 어떤 사람들이 함께 타는지, 지하철에서 몇 번째 칸, 몇 번째 문 앞에 서야 개찰구로 빨리 나갈 수 있는지, 지하철역 안의 어디에서 미처 못한 아침식사를 해결할 수 있는지, 어떤 지점에 서면 무료 와이파이가 잡히는지, 이런 것들이 모두 우리에게 필요한 지리정보가 될 수 있다.

정보는 사실 거창한 게 아니다. 우리가 알고 있는 소소한 것들이 모여 빅데이터가 된다. 우리 동네 슈퍼는 몇 시에 문을 연다든지, 어떤 가게 아저씨는 매일 아침 9시에 나와 가게 앞을 빗자루로 쓴다든지, 아침 8시 20분에는 버스 정류장에 어느 학교 아이들이 많이 서 있다든지, 이런 것들이 모두 지리정보가 된다. 이제는 각지에서 빅데이터라는 말을 많이 쓴다. 데이터를 많이 모으면 빅데이터가 된다고 쉽게 이해할 수 있다. 이 말은 맞기도 하고 틀리기도 하다. 많이 모은다고 모두 쓸모 있는 정보가 되느냐는 질문이 필요하기 때문이다. 정보는 필요한 곳에 제대로 쓰여야 정보가 된다. 그저 모아만 두면 정보가 아닌 쓰레기가 될 수도 있다.

    커뮤니티매핑은 우리 삶에 필요한 정보, 더 나아가 우리 삶을 조금 더 윤택하게 만들 수 있는 정보를 모으는 것이다. 그것도 '함께' 모으는 것이다. 정보를 가진 개인이 여러 명 모이면 정보가 많아질 수밖에 없다. 신기하게도 인간은 모두 얼굴 생김새가 다른 것처럼 각자 다른 정보를 가지고 있다. 같은 공간에 살아도, 같은 일을 해도 각자 알고 있는 것이 다르다. 이렇게 흩어져 있는 정보를 그러모아 하나의 지도 위에 올리는 것이 커뮤니티매핑의 기초 작업이다. 커뮤니티매핑에는 지도 만들기를 넘어서 더 많은 가능성이 숨어 있다. 이제 커뮤니티매핑이 어떤 원리로 작동하는지 차근차근 살펴보자.

2

여럿이 함께 모은 정보를
지도로 만들어 공유하는 과정

커뮤니티매핑을 흔히 '공동체 지도 만들기'로 해석한다. 이때 중요한 것은 '함께' 만들기이다. 커뮤니티에는 함께 행동한다는 뜻이 숨어 있다. 따라서 공동체 지도라는 말로는 약간 부족한 면이 있어서 커뮤니티매핑이라는 영어를 쓴다. 한국어로 굳이 바꾼다면 '함께 만드는 공동체 지도' 정도가 어울리겠다.

지도를 어떻게 함께 만드냐고 질문할 수 있다.

"그런 건 전문가가 하는 것 아닌가요?"

"지도 축적도 모르는데 마구 만들 수 있나요?"

예전에는 전문가가 아니면 지도를 만들 수 없었다. 하지만 구글을 비롯한 각종 지도 관련 도구들이 일반 시민에게 무료로 공개되면서 지도를 함께, 그리고 쉽게 만들 수 있게 되었다. 2000년대 이후에 벌어진 일이다.

여러 사람이 함께 지도를 만드는 건 어떤 의미가 있을까? 직접 실천해보면 쉽게 알 수 있다. 내가 처음 커뮤니티매핑으로 알려진 것은 '뉴욕 화장실 지도 만들기'를 통해서였다. 이 화장실 지도로 언론에 많이 나가고, 한국에서는 〈세상을 바꾸는 시간 15분(세바시)〉에 강연자로 나서기도 했다. 여러 매체에서 자주 이야기해 또 말하기가 쑥스럽지만, 어쨌든 커뮤니티매핑을 시작하게 된 첫 작업이니 소개할 수밖에 없다.

크리스마스를 맞아 가족들과 함께 뉴욕으로 놀러 갔다. 나는 미국에 간 이후 오랫동안 뉴저지주에 살았다. 뉴욕과 뉴저지는 가깝지만 문화 차이가 크다. 번화하고 화려한 뉴욕에서 크리스마스를 보낸다니 정말 설레었다. 먹고 마시고 즐기다 보면 인간은 누구나 화장실에 가야 하지 않나. 뉴욕이라는 화려하고 번잡한 도시에서 화장실을 찾는 일이 그렇게 어려울 줄은 상상도 하지 못했다. 건물은 복잡하고, 골목마다 사람이 그득했다. 화장실 표지판이 큼직하지 않아 마치 미로를 헤매는 것 같았다. 한참을 헤매다 겨우 화장실을 발견해 급한 일을 해결했다.

그 이후 나는 왜 화장실 찾기가 그렇게 어려웠을까 골몰했다. 당시 뉴욕의 일반 상점에 있는 화장실은 아무나 쓸 수 없었고 그나마 호텔 같은 곳에 있는 화장실을 쓸 수 있었다. 그런데 표지판이 잘 보이지 않았다. 그렇다고 내가 뉴욕시장도 아닌데, 아니 뉴욕시장이라고 하더라도 "모든 화장실 표지판을 큼직하게 해주세요"라고 요청할 수도 없는 노릇이다. 누구나 사용할 수 있는 화장실을 지도에 표시해서 공유하면 나 같은 곤란한 상황을 덜 겪지 않을까? 가장 원초적인 일이지만 가장 어려운 일일 수도 있는, '낯선 도시에서 화장실 가기'가 커뮤니티매핑의 첫 번째 미션이었다.

당시엔 스마트폰이 없었다. 대신 2005년에 구글 지도가 서비스를 시작했다. 나는 큰 기술 없이도 사용할 수 있는 구글 지도를 이용해 화장실을 표시한 온라인 지도 애플리케이션을 만들었다. 이것이 뉴욕을 찾는 관광객들에게 큰 호응을 얻었다. 뉴욕 화장실 지도는 이슈

커뮤니티매핑을 이용해서 2005년에 만든 뉴욕 화장실 온라인 지도.

가 되었고, 나는 뉴욕 화장실 커뮤니티맵을 만든 사람으로 알려졌다. 커뮤니티매핑은 사실 알려져야 그 힘을 발휘할 수 있다. 커뮤니티매핑이 가능하려면 사람들이 참여해야 하기 때문이다.

커뮤니티매핑이 한국에 알려진 지 10년이 훌쩍 넘었다. 얼마 전 뉴스에서 '커뮤니티매핑'을 '공동체 지도 만들기'라고 순화해서 써야 한다는 우리말 순화 코너를 봤다. 그만큼 커뮤니티매핑이 다양한 곳에서 쓰이고 있다는 것이므로 뿌듯했지만, 한편으로는 걱정이 되었다. 커뮤니티매핑의 본질과 의미를 정확하게 파악하지 못하고 일회성 행사로 생각해 의미가 훼손되지 않을까 염려스러웠다. 커뮤니티매핑은 여러 사람의 힘이 모여 선을 이루는 프로젝트이며 공익을 위한 활동이다. 따라서 그저 재미있는 한 번의 정보 수집 행사로 생각하면 그 본질을 이해하기 어렵다.

셋째 딸이 어릴 때, 팬클럽이 록밴드를 따라다니는 경로를 수집해서 지도를 만들려고 했던 적이 있다. 그때 아이와 함께 털실을 이용해 거리를 재고 경로를 조사했다. 스마트폰이 등장하고 나서는 지도 위에 털실을 올려놓고 거리를 쟀던 기억이 역사 이전의 이야기처럼 느껴진다. 당시엔 실을 이용해 지도의 축적을 곱해 경로를 계산했다. 그러다 2003년에 셋째 딸이 쓸 수 있도록 미국 전역에서 록밴드의 이동을 측정할 수 있는 온라인 지도를 제작했다. 이때만 해도 구글 지도 서비스가 제공되지 않아 이런 온라인 지도를 만드는 데 많은 자원과 기술이 필요했다. 컴퓨터를 다룰 수 있는 사람들이 정보를 수집해 지

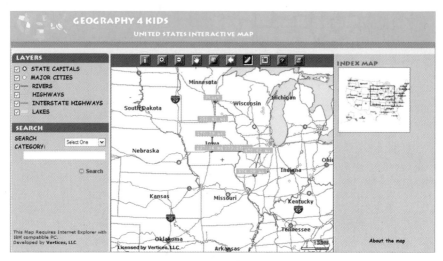

셋째 딸아이의 지리 숙제를 돕기 위해서 2003년에 만든 온라인 미국 지도.
이때는 구글 지도 서비스가 나오기 전이었다.

도를 만들어나간 것이다.

2007년 5월에 구글 안드로이드폰이 처음으로 출시되었다. 그리고 한 달 있다가 미국에서 아이폰이 발표되었고, 한국에서는 2009년 삼성에서 갤럭시 스마트폰을 출시했다. 그 이후 스마트폰으로 간편하게 지도를 보고 사용하며 정보를 수집하는 게 가능해졌다. 스마트폰이 보급되면서 이제는 특별한 기술이 없어도 몇 시간의 교육만 받으면 손가락 터치 몇 번으로 지도의 정보를 활용하고 정보를 수집해 공유하는 게 가능해졌다.

2012년에 허리케인 샌디가 미국 동북부를 강타했을 때 뉴욕과 뉴저지 지역의 70~80퍼센트가 정전되었고, 도로 등 많은 기반시설이

파괴되었다. 각 가정에 전기가 끊겨 히터를 틀 수 없었고, 비상용 발전기를 가동할 수 있는 기름조차 구할 수 없었다. 쓰러진 나무와 전봇대 그리고 허리케인으로 도로가 막혀 많은 주유소가 기름을 공급받지 못했다. 주유소에 기름이 있더라도 정전으로 주유소 장비를 작동시킬 수 없었다. 허리케인이 지나간 후 많은 시민들은 기름을 판매하는 주유소를 찾다가 자동차 기름이 떨어져 결국 차를 길가에 세워두기도 했다. 주유소는 기다리는 사람들로 긴 줄이 생기고, 기름을 살 수 있을지 없을지 몰라 주민 간에 많은 갈등과 충돌이 생겼다. 이런 폭력과 혼란을 우려해서 중무장한 경찰과 군인들이 주유소를 지키는 일이 벌어졌다. 질서를 다잡으려면 주민들이 제대로 된 주유소 정보를 알아야 했다. 어느 주유소에서 기름을 파는지, 늘어선 줄이 얼마나 되는지, 언제 주유소를 다시 여는지.

우리는 바로 그 자리에서 노트북을 펴고 주유소에 전화를 걸어 지도 위에 데이터를 올리기 시작했다. 이 소식이 알려지자 주민들이 데이터를 제공해주었다. 초기에는 일반 시민들이 많이 참여하지 못했고 나와 같이 활동했던 남미계 고등학생들이 주로 활동가 역할을 했다. 비전문가들이 발품 파는 것으로도 충분히 데이터를 수집할 수 있다는 걸 보여주는 사례다.

이 온라인 지도는 시민들에게 매우 유용한 정보를 제공했다. 그뿐 아니라 미국연방재난관리국, 에너지국, 국방부, 백악관, 구글 크라이시스맵, 뉴욕시 등에서는 이 정보를 실시간으로 그들의 웹사이트에

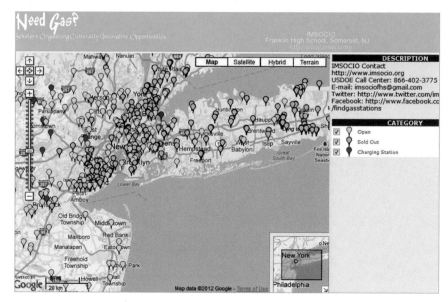

2012년 허리케인 샌디가 뉴저지와 뉴욕을 강타했을 때 고등학생들과 함께 만든 온라인 주유소 지도.
기름이 있는지 없는지, 언제 들어오는지에 관한 실시간 정보가 업데이트되었다.

접목해서 사용했다. 이 사건은 커뮤니티매핑 기법을 통해 정부기관
이 가지고 있는 공공데이터의 한계를 어떻게 보완할 수 있는지를 보
여주는 좋은 사례이다.

온라인 지도가 공개되고 컴퓨터뿐 아니라 스마트폰을 사용해 여러
사람이 동시에 움직이면서, 정보를 수집하고 공유하는 것이 가능해
졌다. 기술의 발달로 커뮤니티매핑의 개념이 더 잘 정리되었고, 동시
에 활성화되었다. 커뮤니티매핑을 한마디로 정리하면, 위치 기반의
정보시스템 및 웹과 모바일 기반의 정보통신기술의 발달로 가능해진
지리정보 기반의 지식 공유 방법으로, 집단지성으로 이끌어낼 수 있

는 선한 가치의 실현이다. 허리케인 샌디로 인해 기름을 구하지 못해 소외된 시민들에게 학생들이 수집한 주유소 정보는 생존에 가까운 역할을 했다. 그리고 이렇게 만들어진 지도는 더 멀리 퍼져 나가 그 힘을 발휘했다.

3

정보의 프로슈머가
되는 과정

2019년에는 주로 미세먼지와 관련한 커뮤니티매핑에 몰두했다. 2020년에도 미세먼지 프로젝트를 계속할 생각이었으나 뜻하지 않게 코로나19 바이러스가 창궐했다. 코로나19 바이러스로 유엔세계보건기구에서 팬데믹을 선언했을 때 나는 미국에 있었다. 나의 본업은 의료 데이터 환경을 연구하고 의과와 보건학과 학생들을 가르치는 일이다. 팬데믹 선언 이후 미국은 걷잡을 수 없는 혼란에 빠졌다. 미국은 코로나 팬데믹 동안 한때 한국보다 코로나 확진자 비율이 60배 이상 높았다. 나는 그전의 건강보건 데이터를 기반으로 미국의 코로나 통계를 살펴보기 시작했다.

나는 테네시주에 살고 있다. 미국에서 생활 환경이 열등한 편이다. 비만이나 당뇨 등 사람의 기대수명을 측정할 때 테네시주는 잘사는 주보다 그 수명이 짧다. 미국은 어느 곳에 사느냐에 따라 사람의 수명

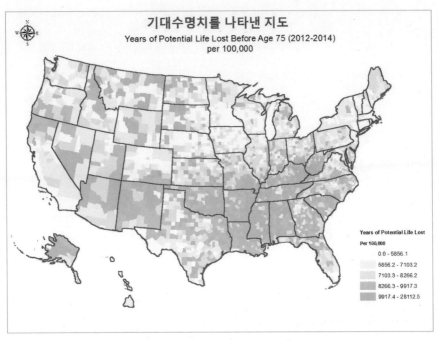

미국 카운티별로 나타낸 기대수명치. 초록색이 진한 곳이 기대수명치가 낮다.
미국은 사는 곳에 따라 기대수명이 평균 20여 년 차이 난다.

이 평균 20여 년 차이 난다. 한국은 의료 환경의 접근이 열악한 농어
촌 산골 지역의 사람들이 일찍 죽는다고 한다. 예방의학의 접근이나
응급 시(예를 들면 심장마비 등) 빨리 조치할 수 있는 환경이 부족하기 때
문이다.

어떤 물을 마시고 어떤 공기를 마시는지, 제세동기가 있는지, 스트
레스를 다스릴 시설이 있는지, 병원이 가까이 있는지, 운동할 수 있는
지, 길 가다가 교통사고를 당할 확률이 높은지, 시설물에 의해 부상
당할 확률이 높은지, 이런 것들에 따라 기대수명이 달라진다. 노예제

도가 끝까지 남아 있던 미국의 남동쪽은 특히 보건의료가 처참한 수준이다. 2020년 코로나 팬데믹 때는 미국에서 흑인의 코로나 확진율이 높아 심각한 사회문제가 되었다. 어떤 지역은 비대면으로 일할 수 없는 필수노동자가 많고 경제적 상황이 좋지 않아 좁은 집에서 여러 명이 다닥다닥 붙어서 생활한다.

미국의 어떤 대도시 골목에는 신선한 채소 대신 보관 가능한 통조림과 프라이드치킨만 파는 가게가 있다. 건강하게 신선한 식품을 먹기 어려운 동네가 있다는 얘기다. 그리고 미국은 식습관 때문에 운동이 필수지만, 총기 문제 때문에 마음 놓고 운동하기 어렵다. 아이들은 학교와 주택가가 멀찌감치 떨어져 있어서 스쿨버스를 이용하거나 부모가 차로 데려다줘야 한다. 통학로가 안전하다면 걸어서 학교에 갈 수 있겠지만 그렇지 못한 경우가 더 많다. 이런 것들을 모두 데이터로 시각화할 수 있다. 통학로 안전 문제가 건강과 무슨 상관이 있냐고 묻는다면 바로 이런 데이터를 연결해서 보여줄 수 있는 것이다.

이런 데이터는 애초에 기대했던 것 이상을 보여주기도 한다. 따라서 이 데이터를 누가 쥐고 있느냐에 따라 시민의 권리가 달라질 수 있다. 만일 코로나 시대의 확진자 통계를 정부에서만 가지고 있고 시민들에게 전혀 공개하지 않으면 어떻게 될까? 한국은 방역당국에서 매일매일 확진자 통계와 추이를 발표하고 있다. 모든 정보를 국민에게 공개하면서 스스로 조심할 수 있도록 시민의 안전을 보장하는 것이다. 정보를 통해 시민들은 어떤 시설이 위험하고 어떤 지역, 어떤 직업군에 더 많이 코로나가 발생하는지 알게 된다. 시민들이 수개월 동안 코로나 확진자 통계를 보면서 이 사회의 불평등을 말할 수 있게 된 기반도 정보 공개에 있다.

물론 역효과는 있었다. 개인의 이동경로가 모두 공개되면서 확진자가 다녀간 식당이나 카페는 영업에 큰 손실이 생겼고, 확진자를 비난하는 일도 일어났다. 정보 공개의 원칙만 추구하고 꼼꼼하게 계획을 세우지 못한 결과다. 그러나 6개월이 지나면서 사람들은 바이러스의 전파를 개인의 책임으로 모조리 덮어씌우기엔 무리가 있다는 걸 깨달았다. 더불어 비난이 방역에 어떤 도움도 되지 않는다는 것을 파악했다. 데이터를 무차별적으로 공개하면 혼란을 불러온다고 주장하는 사람이 있을 것이다. 하지만 시민들은 자정 능력이 있었고 스스로 통제할 수 있었다. 이 정도 수준이 되는 사회에서 데이터 공개는 공공의 이익에 더 좋은 영향을 미친다고 믿을 수 있다.

최근 한국은 급격한 민주화와 경제발전으로 심각한 이념 갈등이 생겼을 뿐만 아니라 코로나19의 유행으로 고질적인 불평등 및 정부와 국민 간 갈등이 촉발되었다. 코로나19와 같은 예측할 수 없는 변수와 환경의 변화, 복잡해져가는 사회구조는 시민들과의 유기적인 소통과 협력 없이 정부 독단의 정책 실행으로는 한계에 봉착할 수밖에 없다. 정부와 시민이 소통하고 협력하는 데 도움이 되는 다양한 방법이 있다. 그중 커뮤니티매핑은 정부와 시민이 함께 데이터 생산에 참여할 수 있는 기회가 늘어나 시민들의 신뢰로 정책 만족도가 향상되고, 정부에 대한 시민들의 협조를 이끌어낼 수 있다는 점에서 효과적이다.

커뮤니티매핑은 모두가 정보의 생산자이며 소비자가 되는 것을 지향한다. 이른바 프로슈머(Prosumer)이다. 참여하기만 하면 정보를 만들어내는 주체가 될 수 있고, 정보를 유용하게 사용하는 소비자가 될 수 있다. 어쩌면 커뮤니티매핑은 유튜브와 같은 플랫폼이다. 누구나 탑승해 즐길 수 있고, 자기 권한과 역량을 최대로 끌어올릴 수 있다. 그리고 매우 쉽다! 남녀노소 누구나, 걸을 수 있으면 걸어서, 걷기 어려우면 집 안에서 충분히 할 수 있다. 함께하면 더 즐겁고, 더 많이 모일수록 가치가 올라가는 커뮤니티매핑의 세계에 빠져보자.

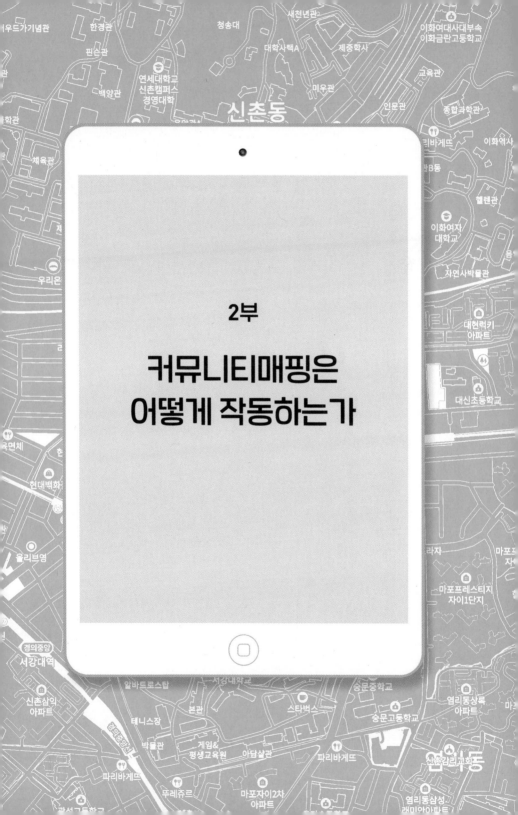

2부

커뮤니티매핑은
어떻게 작동하는가

4

프레임워크

독자들에게 익숙한 개념, 집단지성(Collective Intelligence)에서 출발해
보자. 집단지성은 많은 사람들이 서로 협력하거나 혹은 경쟁해 얻는
집단적 문제 해결 능력이다. 집단지성은 뛰어난 한두 사람의 문제 해
결 능력에 의존하는 엘리트주의보다 우월한 성과를 낳는 것으로 알
려져 있다. 커뮤니티매핑은 이러한 집단지성을 구현하는 한 방법이
다. 집단지성이 창출하는 지식, 정보, 사회적 참여가 한데 어우러져
필요한 데이터를 만들어가는 과정이다.

커뮤니티매핑의 작동 원리에 관한 프레임워크는 첫째, 커뮤니티매
핑이 작동할 때 본질적 요소가 무엇인지 제시한다. 구성요소로 '공동
체, 참여를 통한 소통, 지도, 만들기(~ing)'가 있다.

둘째, 커뮤니티매핑이 작동하는 실질적인 프로세스가 어떻게 진행
되는지 제시한다. 프로세스는 '사전기획, 커뮤니티매핑 교육, 워크숍,

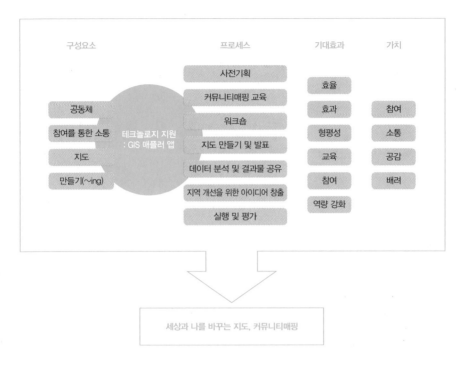

| 구성요소 | | 프로세스 | 기대효과 | 가치 |

사전기획

커뮤니티매핑 교육

워크숍

공동체

참여를 통한 소통

테크놀로지 지원
: GIS 매플러 앱

지도

만들기(~ing)

지도 만들기 및 발표

데이터 분석 및 결과물 공유

지역 개선을 위한 아이디어 창출

실행 및 평가

효율

효과

형평성

교육

참여

역량 강화

참여

소통

공감

배려

세상과 나를 바꾸는 지도, 커뮤니티매핑

커뮤니티매핑의 작동 원리에 관한 프레임워크.

지도 만들기 및 발표, 데이터 분석 및 결과물 공유, 지역 개선을 위한
아이디어 창출, 실행 및 평가'를 포함한다.

셋째, 커뮤니티매핑이 낳는 여섯 가지 기대효과가 무엇인지 규명한
다. 여섯 가지 기대효과로 '효율, 효과, 형평성, 교육, 참여, 역량 강화'가
있다.

넷째, 커뮤니티매핑이 궁극적으로 가져올 변화가 무엇인지 제시한
다. 이 변화는 커뮤니티매핑을 통해 얻게 될 가치인 '참여, 소통, 공감,

배려'로 압축된다. 이 네 가지 가치를 체득한 참여자들은 궁극적으로 자신의 삶과 사회의 주인으로서 리더십을 획득하고, 공동체의 한 구성원으로 한층 강화된 사회적 역량을 갖고 살아간다.

5

구성요소

커뮤니티매핑의 핵심 구성요소는 공동체, 참여를 통한 소통, 지도, 만들기다. 이 구성요소를 하나하나 살펴보자.

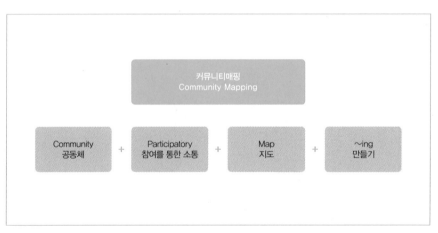

커뮤니티매핑의 구성요소. 커뮤니티매핑은 커뮤니티 구성원들이 함께 사회문화나 지역의 이슈와 같은 특정 주제에 관한 정보를 현장에서 수집하고 이를 지도로 만들어 공유하고 이용하는 과정이다.

공동체

커뮤니티매핑을 이해하기 위해서 가장 중요한 첫 번째 키워드는 바로 '커뮤니티'이다. 커뮤니티는 지역사회의 공동체라는 말로 해석된다. 대부분의 커뮤니티는 하나의 지역에서 함께 생활하며 만들어지는 주민 집단과 그 속에서 형성되는 관계를 말한다. 커뮤니티매핑이 발달하면서 주요 대상이 되는 커뮤니티는 다양하게 변화했다.

내가 지리정보시스템을 활용하기 시작한 이유는 사회에서 소외받는 사람들을 대상으로 하는 커뮤니티 개발 과정을 돕기 위해서였다. 빈부 격차, 계층 간의 기회 불평등과 같은 사회 불균형 문제를 효과적으로 해소하기 위해, 사회적 관심이 우선 필요한 지역을 선별해 사회 통계와 지리정보를 접목시킨 지리정보시스템을 적극적으로 활용했다. 이러한 목적 외에도 최근에는 사회 전반에 걸쳐 다양한 이슈를 가지고 있는 사람들이 더욱 적극적으로 자신의 이슈를 다른 사람들에게 알리고 공감대를 형성하기 위한 목적으로 커뮤니티매핑을 활용하고 있다.

이처럼 커뮤니티매핑에서 의미하는 공동체는 '같은 비전과 뜻을 가진 사람들의 모임'이다. 하지만 단서가 있다. 이 공동체는 다른 이들에게 도움이 되는 일을 하기 위한 모임이어야 한다. 공동체가 하는 일로 말미암아 더욱 나은 지역, 더 나은 세상이 되어야 한다.

그러나 공동체의 모든 구성원이 커뮤니티매핑을 수행한다는 전제는 비현실적이다. 공동체 구성원의 층위가 나뉘는 것은 당연하다. 이를 커뮤니티매핑을 하는 그룹, 수혜 그룹, 그리고 영향을 받는 그룹으로 나누어 살펴보자.

❶ 커뮤니티매핑을 하는 그룹 : 커뮤니티매핑을 직접 수행하는 그룹이다. 실질적으로 관심 분야에 대한 지역 데이터를 모으거나, 프로젝트에 직접 참여하는 그룹이다. 2017년 환경부의 '꿈꾸는 환경학교'로 선정된 부천시 송내고 학생들은 미세먼지 커뮤니티매핑을 수행했다. 서울시 성북구에 소재한 숭덕초등학교의 '안전한 등하굣길 만들기'를 위한 커뮤니티매핑에는 교사와 자원봉사자들이 참여했다.

❷ 커뮤니티매핑으로 실질적인 도움을 받는 그룹 : 커뮤니티매핑 결과로 실질적인 도움을 받는 그룹이다. 예를 들어 '학교 내 집단 괴롭힘 지도'에 기반해 학교나 교육 당국이 적절한 조처를 했다면, 피해 학생들이 이 그룹에 해당한다. 사람만이 커뮤니티매핑의 수혜자인 것은 아니다. 매핑 덕분에 생명을 구한 멸종 위기 동물도 수혜자가 될 수 있다.

❸ 커뮤니티매핑 결과에 영향을 받는 그룹 : 커뮤니티매핑 결과와 이로부터 얻는 정책적 함의는 경제학에서 말하는 외부성(externalities)을 발생시킨다. 예를 들어 동네 여기저기에 공들여 꽃밭을 일구고 조경수를 가꾼 내 이웃의 노력 덕분에 동네 평판이 좋아지고 집값이 오른다. 여기에 나의 기여가 전혀 없다 하더라도! 또 내가

참여해 완성한 동네의 냄새 커뮤니티매핑 덕분에 냄새의 정체와 발생원이 파악되면, 지자체는 이 지역 현안을 방치하려야 방치할 수 없다. 냄새의 발생원이 주거지역에 부적절한 오염시설을 가리킨다면 이 시설의 이전 혹은 냄새 정화시설 설치와 같은 결과로 이어질 수 있다. 이것으로 냄새 커뮤니티매핑에 참여하지 않았던 내 이웃도 혜택을 입는다.

참여를 통한 소통

커뮤니티매핑은 참여가 전제되어야 가능하다. 커뮤니티매핑의 가장 중요한 특징은 다양한 사람들을 의사결정 과정에 참여시켜 모두가 만족할 수 있는 결과를 내도록 하는 것에 있다. '의사결정 과정에 참여시킨다'라는 말은 사람들에게 어떠한 정보를 제공하고 그것에 대해 의견을 개진하는 과정에서부터 모든 사람들의 의견에 따라 결과를 도출하는 전 과정을 포괄한다는 뜻이다. 커뮤니티매핑을 다양한 이슈를 가진 대부분의 시민이 효과적으로 참여하도록 촉진하는 수단으로 활용할 수 있다.

참여가 시작되는 형식적 참여(정보 전달, 의견 조사, 회유) 차원에서 보면, 커뮤니티매핑은 지리정보로 주민들에게 지역에서 일어나는 주요 이슈와 문제점을 설명하고, 이슈가 되는 사항을 지도로 만들어가며 공감대를 형성한다. 그리고 시민이 주도적으로 의사결정 과정에 참여하는 시민권력(공동협력, 권한 위임, 시민 통제) 단계에서 커뮤니티매핑은 시민 간의 의사 조율 등에 활용될 수 있다. 이처럼 커뮤니티매핑은 시민 참여를 돕는 도구로써 사용될 뿐만 아니라, 시민 참여를 효과적으로 추진하는 실행 툴로 사용될 수 있다.

지도

지도 만들기에 필요한 지리정보기술은 커뮤니티에서 자유롭게 쓸 수 있을 만큼 쉽고 비용이 적정해야 하며 다른 사람들과 편리하게 공유되어야 한다. 과거에는 고비용, 어려운 기술 적용 등의 이유로 지도 만들기가 쉽지 않았지만 이제는 정보기술의 발달로 한층 쉬워졌다. 나는 커뮤니티매핑 확산을 위해 필요한 기능과 취지를 접목해 매플러(Mappler) 플랫폼을 만들었다. 스마트폰을 이용해 지도를 만드는 것이 유일한 방법은 아니다. 흙 위에 마을 그림을 그리면서 마을에 관한 이야기를 함께 나누는 것도, 큰 종이 위에 함께 지도를 그려 나가면서 마을의 문제를 해결하는 것도 커뮤니티매핑이라고 할 수 있다. 하지만 스마트폰을 이용해 지도를 만드는 것이 정보의 취득 및 실시간 확인, 빅데이터 확보 등의 측면에서 유리하므로 여기서는 스마트폰 기술을 이용한 커뮤니티매핑에 대해서 이야기하기로 한다.

스마트폰 기술을 이용하면 다음과 같은 추가적인 효과를 거둘 수 있다.

첫째, 현장에서 바로 데이터를 올리거나 확인할 수 있으며, 업데이트가 가능하다. 참여자의 즉각적인 참여 만족 효과가 있다.

둘째, 스마트폰의 GPS, 사진 업로드, 온라인 지도 등의 기능을 사용할 수 있으며, 다른 기기와의 연결이 가능해 센서 역할을 할 수 있다.

셋째, 스마트폰으로 주로 게임이나 채팅을 하는 청소년을 부모가 좋지 않게 생각하는 경우가 많은데, 커뮤니티매핑을 통해 스마트폰이 청소년에게 좋은 일로 쓰일 수 있다는 경험을 준다.

만들기

커뮤니티매핑은 지역주민이 스스로 지역의 문제와 이슈를 발견하고 지도 위에 정보를 시각화함으로써 지역 내 문제 해결 과정에 능동적으로 참여할 수 있도록 도움을 준다. 또한 커뮤니티매핑은 개인적 행위가 아니라, 공동체의 구성원인 시민들이 함께하는 정보의 공동생산(coproduction) 행위이다. 따라서 다음과 같은 커뮤니티매핑 효과를 거둘 수 있다.

첫째, 집단지성이 모여 파편적 정보를 실시간으로 아카이빙하고, 신속하게 의미 있는 지식정보를 얻을 수 있다. 각 개인의 정보를 취합하는 과정에서 ICT 테크놀로지를 활용해 집단지성의 능력을 극대화하고, 조각에 불과했던 정보를 모아 바로 데이터로 사용할 수 있다.

둘째, 집단지성이 모여 각자의 구역을 맡아 동시에 진행할 수 있어 데이터를 수집하는 시간과 노동을 절약할 수 있다. 집단지성이 발휘되는 경로는 참여자의 자원봉사나 체험 활동 등을 포함한다. 또한 현장에서 즉시 상황 파악이 가능해 참여자들 사이의 공유와 점검을 실시간으로 할 수 있다.

셋째, 참여자들의 자존감 회복과 효능감 획득 효과가 있다. 참여자들은 스스로 입력한 작은 데이터가 타인의 생명이나 안전을 위해 쓰일 수 있다는 가능성을 경험하며, 커뮤니티매핑 참여가 사회를 원활하게 작동하도록 하는 데 기여한다는 점을 체감한다. 그 결과 참여자는 다른 사람, 공동체, 사회, 그리고 국가에 대한 태도와 행동에 변화를 경험한다.

6
프로세스

커뮤니티매핑을 수행하는 과정은 주어진 과제와 목적에 따라 다양한 방식으로 진행할 수 있지만, 기본 골격은 다음과 같다.

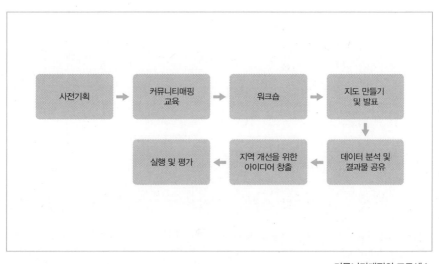

커뮤니티매핑의 프로세스.

사전기획

사전기획 단계의 핵심은 매핑 프로젝트에 지역주민을 참여시키기 위한 준비 작업이다. 해당 매핑 프로젝트의 목적과 활동에 대해 지역주민이 의견을 개진할 기회를 제공하고 매핑 프로젝트 기획에 반영할 수 있도록 준비한다. 이 단계에서 다음과 같은 활동이 이뤄진다. 주민들에게 지역 관련 데이터 활용 교육 제공, 주민의 의견 도출과 수렴, 주민 간 참여와 소통 증진, 주민들이 지역사회를 변화시킬 수 있다는 자신감과 효능감 고양, 주민들의 역량 강화 등이다. 이 사전기획 단계의 목표는 다음과 같다.

첫째, 지역공동체, 지역 전문가 및 전문가 그룹과 협력해서 문제 해결을 위한 커뮤니티매핑의 목표를 설정한다. 이를 토대로 매핑 지역 및 대상을 결정하고 이용 가능한 문헌, 공공데이터, 오픈 데이터 활용 여부와 범위를 파악한다.

예를 들어 범죄 예방 분야에 커뮤니티매핑 기법을 적용할 때는 범죄나 치안에 관해서 이용 가능한 공공데이터를 활용해 해당 지역의 치안 문제를 이해하는 것이 우선이다. 다른 예로, 경기도의 시각장애인을 위한 보행 환경 커뮤니티매핑을 하면서 음향신호기에 관한 전문적 정보뿐만 아니라, 도내 음향신호기 개수와 위치까지 파악한 적 있다. 이 과정에서 시각장애인 편의시설센터의 전문가 도움을 받아 음향신호기에 관한 이해를 높였고, 점자 블록, 볼라드 등 시각장애인의 도로 보행에 관련한 것들을 모두 점검했다.

둘째, 매핑 프로젝트의 대상인 커뮤니티의 범위 설정 및 정확한 정의 내리기가 이뤄져야 한다. 예를 들어, 지역 내 친환경 녹색어머니회나 희망 중학교 환경동아리(가칭)와 같은 커뮤니티의 성격과 범위를 명확하게 규정한다. 해당 매핑 프로그램의 이해관계자에 대한 정의, 범위 확정 및 역할 부여가 성패를 결정한다.

셋째, 데이터 활용과 매핑 과정에서 참여자의 교육, 참여, 역량 강화와 같은 목표 역시 명확히 규정한다.

넷째, 커뮤니티매핑에 활용되는 테크놀로지의 정의와 활용법 공유가 필요하다.

다섯째, 이용 가능한 문헌과 매핑 프로젝트의 대상이 되는 과제와 관련한 사례를 미리 연구한다. 그리고 주민들이 유용한 아이디어를 제안할 수 있도록 워크숍을 기획한다. 워크숍의 주제로 지역을 변화시킬 수 있는 잠재력 있는 모든 주제나 특정 분야(예를 들면 안전 관련)를 다룰 수 있다.

마지막으로 커뮤니티매핑의 결과물은 무엇이고 어떻게 활용할 것인지에 대한 기대를 공유하고, 최종적으로 매핑 프로젝트 평가에 쓰일 기준을 마련한다.

커뮤니티매핑 교육

사전기획 단계에서 얻은 자료나 정보는 해당 문제를 잘 알지 못하는 참여자를 교육하는 데 이용한다. 참여자들은 이 단계에서 매핑 대상 지역의 문제 현황과 해결책을 학습할 수 있는 교육 프로그램에 참여한다. 커뮤니티매핑 교육의 첫걸음은 지역에 대한 이해를 높이는 것이다. 교육은 참여자들의 적극적 참여가 그들이 살고 있는 지역을 바꿀 수 있다는 믿음으로 나아가야 효과적이다.

수립된 목표 및 기획에 맞게 참여자들이 커뮤니티매핑을 수행할 수 있도록 해당 커뮤니티매핑의 목적에 대해서도 교육한다. 예전에 모기에 의해 감염·전파되는 지카 바이러스 매핑 프로젝트를 수행한 적이 있는데, 이때 참여 학생들에게 네 번이나 강의를 했다. 지카 바이러스가 무엇인지, 어떻게 감염되는지, 지카 바이러스 감염이 건강에 미치는 영향은 무엇인지에 대해서 이해하지 못한 채 매핑에 참여했다면, 모기가 서식할 만한 물웅덩이를 찾아다니는 데 그쳤을 것이다.

아울러 사회적 문제 해결에 기여하는 커뮤니티매핑의 효용성 및 방법론에 대한 참여자들의 이해를 도모한다.

워크숍

이 단계는 시민 혹은 지역주민들이 현장을 조사할 수 있는 역량을 높이는 과정이다. 커뮤니티매핑을 수행하는 주체가 사전기획 단계에서 마련한 조사 기준에 따라 해당 지역의 사회문제 혹은 이슈를 중심으로 현장 조사를 구체적으로 수행한다.

이 단계의 주요 목표 중 하나는 지역의 현재 상황과 앞으로 가져올 변화에 대한 주민들의 객관적 이해를 높이는 것이다. 예를 들어 지역의 늘어가는 빈 집 실태를 매핑한다면, 해당 지역의 인구 분포나 동별 주택 수와 같은 기초적 지역 현황 정보를 담은 지도를 제공한다. 또한 통계청이나 정부 경제부서에서 작성한 향후 인구 추계 등의 미래 정보 역시 제공한다. 빈 집을 조사할 때는 방치된 건물이 안고 있는 안전 문제를 고려해야 하기 때문에 조사 과정에서 안전 교육도 반드시 실시한다.

아울러 현장에서 측정하고 모은 정보를 온라인에 업로드할 수 있는 매플러와 같은 구체적 커뮤니티매핑 툴 사용법을 배우는 기회를 갖는다. 이 워크숍은 보통 하루 과정으로 진행하는데, 커뮤니티매핑에 대한 이해, 지역에 대한 이해, 커뮤니티매핑의 진행 및 커뮤니티매핑 툴의 사용법, 그리고 커뮤니티매핑을 수행하는 방법론 등을 다룬다.

지도 만들기 및 발표

앞서 지도를 커뮤니티매핑을 구성하는 핵심 요소로 설명했다. 커뮤니티매핑에서 지도는 매핑 프로젝트의 목적에 따라서 관심 대상인 부분과 지점을 기호를 이용해 시각적으로 나타낸 결과물이다. 커뮤니티매핑에서 지도가 핵심적인 이유는 현실 공간에서 발생한 문제(예컨대, 빈집이나 악취)를 나타내는 현상들 사이의 연관성을 보기 쉽게 표현하기 때문이다.

예를 들어 매핑에서 조사된 빈 집들을 2차원 평면인 웹 지도에 보기 좋게 표시하면 이들 사이의 관계를 쉽게 파악할 수 있다. 어느 동네에 빈 집들이 집중되어 있는지, 한두 개의 빈 집이 더욱 많은 빈 집을 유발하는 것은 아닌지 질문해볼 수 있다. 즉 문제를 해결하는 데 필요한 정보를 함축한 지도는 그 어떤 수단보다 문제 발생의 패턴을 포착하는 데 효과적이며, 문제를 간파하는 데 필수적인 가설 수립을 가능케 한다.

목표했던 매핑 결과물인 웹 지도를 완성한 뒤에는 매핑 프로젝트 과정을 스토리텔링으로 구성해 온·오프라인 리포트로 아카이빙한다.

데이터 분석 및 결과물 공유

커뮤니티매핑은 시민의 자발적 참여로 기존 공공데이터에서 제공하지 않는 데이터를 만드는 과정이다. 이 단계에서는 모은 데이터를 분석하는 작업을 수행한다. 참여자인 시민이 직접 데이터 분석에 참여할 수도 있고, 전문가의 분석을 활용할 수도 있다. 수집한 데이터를 비교 및 분석해 지역의 문제를 발견하고 정책적 진단과 해법을 제안한다. 커뮤니티매핑은 마을이나 작은 지자체 단위에서 정부가 제공하지 못하는 데이터를 활동가들이 수집하고 공유하는 좋은 방법이다. 수집된 데이터를 가지고 지자체에서는 예산과 정책을 효율적으로 수립할 수 있다.

미국 뉴저지주 프랭클린타운십 학교 주변 안전 지도를 제작할 때 참여 학생들은 학교 주변의 보행로와 교차로 현황, 개·보수의 필요 여부를 아주 자세하게 평가해서 온라인 지도 위에 올려놓았다. 그 결과 지도상에 표시된 보행로나 교차로의 유지·보수 정보에서 주목할 만한 패턴을 발견했다. 남미계 이민자들이 사는 도시 북동쪽 일대의 도로와 보행로는 유지·보수 상황이 무척 나빴지만, 소득이 높은 백인이 사는 남서쪽 지역은 무척 좋았다. 커뮤니티매핑의 결과는 이와 같이 지역사회 현안 해결의 단초를 제시한다.

지역 개선을 위한 아이디어 창출

분석한 데이터를 가지고 어떻게 지역을 더 낫게 바꿀 수 있는지, 워크숍이나 그룹 활동을 통해서 다양한 아이디어를 제시하고 지역을 위한 정책을 제안하는 단계다. 이 단계에서 지자체의 담당기관과 함께 워크숍을 하면 더 좋은 결과를 거둘 수 있다. 커뮤니티매핑 이전에는 알려지지 않았던 지역의 긍정적인 자산과 부채를 모두 알 수 있고, 이를 활용해 지역 문제 해결을 위한 다양한 아이디어를 주민들이 제안할 수 있다. 커뮤니티매핑을 통해서 공공데이터에서 제공되지 않는 데이터를 얻었으므로, 지역 문제 해결 정책 역시 더 효과적인 접근과 해법을 얻을 수 있다.

실행 및 평가

커뮤니티매핑 과정에서 나온 다양한 아이디어와 제안 가운데 실행 가능한 아이디어가 있다면 계획을 세워 실행한다. 이 단계에서 다양한 이해관계자가 서로 협업할 수 있다. 지자체, 주민단체, 초·중·고등학교, 대학, 비영리기관 등 다양한 단체가 참여한다. 실행 후 일정 기간이 지나면 커뮤니티매핑을 통해서 지속적인 모니터링과 평가를 할 수 있다.

구체적 평가는 세 가지로 진행한다. 첫째, 매핑 참여자를 대상으로 한 온라인 설문 조사, 둘째, 전문가 집단을 대상으로 한 전수 조사, 마지막으로 프로젝트에 대한 평가 조사이다.

온라인 설문 조사는 매핑 참여자의 지역 문제에 대한 인식 변화나 역량 강화 평가에 초점을 둔다. 커뮤니티매핑 참여자는 매핑 수행 이전에 받는 교육, 워크숍, 데이터 수집과정을 통해서 주어진 문제에 대한 인식 변화나 자기 역량 변화를 경험한다. 이런 변화를 평가하는 데 목적이 있다.

커뮤니티매핑으로 수집한 데이터의 질에 대한 평가도 중요한 사안인 만큼 수집된 데이터를 샘플링해 전문가 대상 전수 조사로 테스트한다.

프로젝트에 대한 평가 조사는 이해관계자 대상 평가 설문 조사와 프로젝트의 목표에 대한 평가 조사로 나눠 진행한다. 이해관계자 대상 평가 설문 조사는 해당 커뮤니티매핑 프로젝트와 유관한 단체들

과 여타 수혜 단체를 대상으로 한다. 그리고 프로젝트 목표 평가 조사
는 '사후적으로' 커뮤니티매핑의 성과를 평가한다. 예컨대 매핑을 통
해서 지역의 시각장애인 편의시설 현황과 문제점이 파악되었다면,
개선을 위한 노력은 어떤 결과를 낳았는지 평가한다.

7

기대효과

커뮤니티매핑의 기대효과(6Es)를 영어 알파벳 E로 시작하는 여섯 개 단어로 압축했다. 효율(Efficiency), 효과(Effectiveness), 형평성(Equity), 교육(Education), 참여(Engagement), 역량 강화(Empowerment). 먼저 이들 여섯 가지 기대효과를 개념적으로 정리한 후, 한국커뮤니티매핑센터가 수행하거나 관여했던 구체적인 사례를 통해 독자의 이해를 돕고자 한다.

❶ 효율(Efficiency) : 커뮤니티매핑은 정보 수집을 효율적으로 할 수 있다. 사회의 구성을 3차원으로 놓고 보았을 때 점이 되는 사람이 모여 선을 만들어 관계를 맺고, 이 선이 모여 면이 만들어지면 네트워킹이 된다. 이 위에 각 개인이 가지고 있는 지성을 더하면 3차원의 레이어가 보태진 입체가 된다. 그리고 구글 지도를

기반으로 한 매플러라는 앱을 사용하는 참여자들에 의해 동시 다발적으로 데이터가 만들어지기 때문에, 집단지성으로 입력된 데이터가 순식간에 지도 위에 점을 찍는 속도감을 체감할 수 있다. 빠르게 집단지성을 하나의 면 위에 올려 입체감을 실현하는 효율을 낼 수 있다.

❷ 효과(Effectiveness) : 커뮤니티매핑은 데이터를 시각적으로 보여줌으로써 지역이 가진 문제와 이슈를 효과적으로 인식하고 알릴 수 있다. 또한 문제와 이슈의 패턴이 시각화되어 좀 더 효과적으로 문제의 원인과 해결에 접근할 수 있다.

❸ 형평성(Equity) : 커뮤니티매핑은 더욱 많은 이들에게 평등한 정보 접근권을 부여한다. 누구나 사용 가능한 스마트기기로 사진을 찍고 범례에 표시하는 간단한 입력으로 충분히 지도를 만들 수 있다. 특별한 기술이나 지리정보를 이해하지 않아도 된다. 특히 소외계층에게 커뮤니티매핑을 제공하면 이들의 의견이 반영되어 더 평등한 커뮤니티를 만들 수 있다.

❹ 교육(Education) : 교육은 참여자가 그 지역과 관심 분야를 새롭게 배우고 깨닫는 것을 의미한다. 기존에 있는 혹은 새롭게 제공되는 데이터의 시각화를 통해서 주민은 지역을 새롭게 학습하며 여러 주체들과 소통할 수 있다. 또한 지역주민이 데이터 수집과 시각화에 직접 참여함으로써 문제 해결의 방법을 익힘과 동시에 자신이 해결의 주체임을 깨닫는다.

❺ 참여(Engagement) : 자연스러운 참여 과정에서 배움이 극대화되며 커뮤니티 구성원 간의 소통이 더욱 활발해진다. 지도를 만드는 과정을 통해 관심 있는 주제와 이슈를 중심으로 주민들 간 소통이 촉진되면서 자연스럽게 해결 방안을 추구하는 활동으로 연결된다.

❻ 역량 강화(Empowerment) : 커뮤니티매핑 교육과 워크숍 진행을 통해 지리정보의 중요성을 깨닫고 몸소 체험한다. 이 과정에서 주제에 맞게 집중하고 움직임으로써 자신이 늘 다니던 환경을 새로운 시각으로 바라보고, 도시를 구성하는 수만 가지의 요소들을

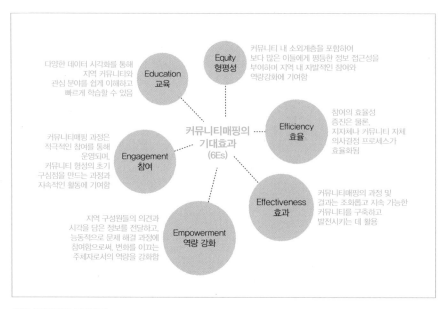

커뮤니티매핑의 기대효과

새롭게 발견한다. 또한 지역 구성원들이 스스로의 의견을 담은 정보 전달을 통해 더욱 능동적으로 문제를 해결할 수 있다.

효율, 효과, 형평성

앞서 소개했던 뉴욕 화장실 지도 이야기로 커뮤니티매핑을 좀 더 구체적으로 살펴보자. 2004년 크리스마스 때였다. 나이 어린 세 딸아이와 함께 뉴욕을 방문했다. 도심 한복판에 커다란 크리스마스트리가 있고 세계 각국의 다양한 인종이 모여 있는 뉴욕은 사실 크리스마스의 환상을 즐기기에 더없이 좋은 장소다. 록펠러센터 앞에는 임시로 스케이트장이 개장해 그야말로 축제 분위기다.

"아빠, 나 화장실……."

어린 딸아이가 화장실을 가고 싶어 했다. 한국과 달리 당시 뉴욕에서는 누구나 들어갈 수 있는 공중화장실을 찾는 게 하늘의 별따기였다. 화장실 푯말도 크게 붙어 있지 않을 뿐더러 모두 사유지나 마찬가지라 아는 화장실이 있어야지만 찾아 들어갈 수 있었다. 간신히 공중화장실을 찾았는데 줄이 너무 길어 얼마나 오래 기다려야 할지 알 수 없었다. 내가 슈퍼맨이라면 아이를 번쩍 안아 올려 깨끗하고 쾌적한 화장실 앞에 데려다놨겠지만, 그럴 수 없었다. 지하철을 타고 서울의 서울역과 같은 뉴욕 펜스테이션역의 내가 아는 확실한 화장실을 찾아갔다.

뉴욕에 사는 사람이라면 또는 뉴욕을 자주 가본 사람이라면 자기만 아는 화장실이 있을 것이다. 나만 알고 싶은 비밀장소처럼 급한 일이 생겼을 때 찾아갈 비상대비책을 모두 가지고 있을 텐데, 그런 정보를 내가 미리 알았다면 소중한 딸아이를 곤란하게 만들지 않았을 것이다. 나처럼 곤란한 처지에 놓여본 사람이 한둘이 아닐 것이라는 생각이 들어 내가 할 수 있는 기술로 사람들과 함께 정보를 나눌 방법을 구상했다. 전공인 GIS 분야를 활용해 당시 내가 사용할 수 있었던 지도 위에 화장실 정보를 등록하고 공유할 수 있도록 웹용 애플리케이션(www.nyrestroom.com)을 만들었다. 사이트를 열어서 개인이 애플리케이션 위에 점을 찍을 수 있게 했다.

이렇게 해서 2005년에 뉴욕 화장실 지도를 만들었다. 2005년은 스마트폰이 나오기 전이고 구글 지도가 보급되기 시작할 때다. 생각보다 많은 사람들이 지도 만들기에 참여했고, 언론에서 뉴욕 화장실 지도를 언급했다. 〈더뉴요커〉, 〈뉴욕타임스〉에 실려서 잠깐 유명세를 탔다. 화장실 때문에 커뮤니티매핑을 만든 사람으로 소개되었다.

뉴욕 화장실 지도는 학생들의 참여로 1개월 만에 완성되었다. 집단지성의 힘을 나도 처음으로 실감했다. 지금도 사이트를 열어놓고 지속적으로 업데이트하고 있다. 누구나 언제 어디서든 뉴욕에만 있다면 참여할 수 있다. 스마트폰의 본격적인 등장 이후, 2012년에 뉴욕 화장실 지도를 앱으로 개발했고, 모바일 데이터를 활용해 더 빨리 수시로 업데이트할 수 있었다. 집단지성이 기술을 만났을 때 더 빠르게 확산될 수 있다는 것이 증명되었다. 스마트폰뿐 아니라 이동하면서 자유롭게 쓸 수 있는 무선이동통신이 함께 발달했기에 실현 가능한 일이었다.

뉴욕 화장실 지도 사례는 내 삶과 직결되는 정보를 어떻게 취합하고 어떻게 공유할 수 있는지 보여준다. 화장실은 모든 인간에게 필요한 시설이다. 그렇다면 이 시설은 공공화되는 것이 옳다. 물론 사적 공간도 보장되어야 한다. 균형이 필요하다.

도시와 그 도시에 속한 거리는 공공재로 봐야 한다. 도시를 만들어 많은 사람들이 효율적인 경제 활동을 하고 공동체를 구성해 생존율을 높인다. 효율적이고 유기적인 생활을 위해 만인의 동의를 얻지 않고 골목과 거리를 구획해놓았지만 때로는 사람들에 의해 그 영역이 바뀌기도 한다. 도시는 사적인 영역과 공적인 영역이 교차한다. 도시에는 사적 영역을 많이 가진 사람과 적게 가진, 또는 전혀 갖지 않은 사람들이 함께 어우러져 살아간다. 내가 살지 않는 지역에는 내가 가진 지분이 없지만 시민이 주인인 열린 도시에서는 누구나 도시를 이용할 수 있도록 공공시설을 설치한다. 화장실이 바로 대표적인 공공시설이다. 개인적 영역을 전혀 갖지 못한 사람들도 인간의 존엄성을 지키기 위해 공유할 수 있어야 하는 곳이다.

욕심 많은 사람들이 화장실을 개인 소유로만 두고 함께 사용할 곳을 없애버린다면 그 도시는 재산을 가진 사람들만 머물 수 있는 곳이 된다. 열린 도시가 되고 더 많은 외부인을 유입해 경제 효과를 누리려면 누구나 쉽고 편안하게 접근할 수 있는 공공시설이 많아야 한다. 뉴욕의 화장실은 분명 공공의 영역에도 있었으나, 그 정보가 공공으로 퍼져 나가지 못한 채 머물러 있었다.

화장실 지도를 처음 만들었을 때는 걸어 다니면서 정보를 입력하는 일이 누구나 쉽게 가능한 것은 아니어서 사회기반시설을 보편적으로 이용할 수 있게끔 만드는 GIS에 머물러 있었다. 뉴욕 화장실 지도는 완전한 커뮤니티매핑이라고 볼 수 없다. 이 작업은 PPGIS 이전의 초기 모델로, 참여자는 적지만 파급이 빨라지면서 집단지성의 효율을 거뒀다. 시민들의 적극적인 참여보다는 외부에 빨리 알려지고 사용되면서 효과를 거둔 첫 사례로 꼽을 수 있다.

집단지성의 빠른 작업으로 더 많은 데이터를 모으는 것, 바로 이것이 커뮤니티매핑에서 추구하는 효율성(Efficiency)이다. 언론과 사람들의 입소문을 통해 "뉴욕 화장실 지도를 활용하면 더 빠르고 쉽게 화장실을 찾을 수 있대"라는 이야기가 퍼져 나가고, 이용자가 많아짐에 따라 커뮤니티매핑이 추구하는 효과(Effectiveness)가 생긴다.

뉴욕에서 조금 떨어진 뉴저지주 서머싯 카운티에 프랭클린 고등학교가 있다. 내가 있던 뉴저지 주립 럿거스 대학 바로 옆에 있는 작은 도시의 학교다. 나는 럿거스 대학의 도시계획학과와 공중보건학과에서 통계와 지리정보시스템을 강의하고 있었다. 인구가 6만 2,000여 명인 이 도시는 미국에서 가장 살기 좋은 도시로 알려져 있지만, 도시의 북동쪽 지역에는 남미에서 온 이민자들이 많이 산다. 프랭클린 고등학교에는 형편이 어려운 학생들이 많다. 대학에 갈 생각이 별로 없고 더 나은 삶을 추구하는 소망도 부족하다. 한국 사람들은 미국을 어떤 나라로 볼지 모르겠지만, 미국은 경제력 차이와 역사적 인종차별 때문에 생활수준과 삶을 바라보는 시각의 차이가 현격하다. 경제적 기반이 사회안전망이 되고, 사회안전망의 보호를 받지 못하는 사람들은 총기사고를 당하거나 약물중독에 쉽게 빠지기도 한다.

이 학생들을 안타깝게 보던 마을의 활동가가 있었다. 이 활동가는 엔리크라는 남미계 사람으로, 프랭클린 고등학교에서 일하는 교사인 나탈리의 배우자였다. 청소년들과 새로운 세상을 꿈꾸던 엔리크는 헌신적인 다른 자원봉사자들과 함께 소시오(SOCIO : Scholars Organizing Culturally Innovative Activities)라는 라틴계 학생들의 동아리를 만들었다. 프랭클린 고등학교를 비롯한 빈곤 지역의 문제는 개인의 문제로 치부하기 어렵다. 걱정 많던 프랭클린 고등학교의 교사들이, 방과 후에 마을을 돌아다니며 방황하는 아이들을 모아서 자원봉사 활동을 시작했다. 그러던 중 나에게 연락이 왔다. 이 친구들이 지역을 좀 더 이해했으면 좋겠고, 미래에 대한 꿈을 꿀 수 있으면 좋겠다고 했다.

주말에 내가 할 수 있는 것은 PPGIS를 활용한 매핑 활동이었다. 사람들이 참여해서 지리정보를 업데이트한다는 의도로, 초기의 커뮤니티매핑 활동을 프랭클린 고등학교의 소시오 동아리 학생들과 진행하기로 했다. 처음엔 학생들 체격이 나보다 훨씬 크고 험상궂어서 무섭기도 했지만 주말마다 모여 같이 공부하고 마을에서 해볼 수 있는 활동을 찾아내며 점점 정이 들었다. 우리 대학교 학생들은 소시오들의

뉴저지 프랭클린타운십의 남미계 학생들 과외 그룹 아임소시오 멤버들과 함께.

멘토가 되어 학교 주변 안전 지도를 만들었다.

2012년 여름방학에 나는 이 학생들과 다양한 커뮤니티매핑 프로젝트를 수행했다. 처음 프로젝트로 프랭클린타운십에 있는 초등학교 주변 곳곳을 살피며 '학교 가는 길 안전 지도'를 만들었다. 그 과정에서 학생들은 '안전'이 무엇인지 자각하기 시작했다. 길의 턱이 높거나, 보도블록이 심하게 망가졌거나, 포장이 깨졌거나, 장애물이 있는 곳을 보며 장애인 접근성을 생각했고, 자기 동생이 여기 걸려 넘어진 적 있다거나, 여기에서 자전거를 타면 바퀴가 터진다는 등 에피소드를 늘어놨다.

소시오 학생들과 발견한 또 다른 것은 도시 곳곳에 방치된 쓰레기였다. 커다란 침대 매트리스, 폐가구, 폐가전제품들이 어딘가에 숨어 있었고, 수풀 한가운데 잔뜩 쌓여 있었다. 무기력해 보였던 아이들이 어느 날 주말에 자발적으로 모여 수풀에 숨어 있는 매트리스와 폐가구, 폐가전제품을 걷어내고 청소했다. 그냥 보고 모른 척 하기에 마음이 불편하다는 것이다. 그저 길을 걸어 다니며 안전 지도를 만들자고 한 것인데 학생들은 '우리가 할 수 있는 일'을 찾아냈다.

경제적 소외는 사회적 참여의 소외와 연결된다. 소시오 학생들은 경제적으로 사회 주류에서 밀려나 있었다. 경제적으로 밀려나면 사회에 참여하는 주도권에서도 밀려난다. 말해봤자 들어주는 사람 없고 억울한 누명을 쓰기도 한다. 내 말을 들어주는 사람이 없다는 걸 반복해서 체험하면 세상과 점점 멀어진다. 이들은 뭔가 하고 싶어도 무엇을 해야 할지 몰랐고, 그게 어떤 의미를 가져다주는지 몰랐다.

마을을 청소하는 아이들을 보니 감동이 밀려왔다. 사람은 누구나 쓸모 있는 사람이 되고 싶어 한다. 아이들은 칭찬을 받고 또 다른 선행을 만들어냈다. 더 활발하게 움직였고 적극적으로 참여했다. 매핑 활동에서 즐거움을 찾기 시작했다. 선한 일을 한다는 어른들의 칭찬이 아이들을 점점 키웠다.

아이들과 활동에 재미를 붙여갈 무렵이었다. 프랭클린 고등학교 학생 세 명이 자동차로 함께 등교하던 중 빗길에 미끄러져 불법주차되어 있던 커다란 트레일러의 바닥으로 빨려 들어가는 큰 사고가 났다. 뒷좌석에 타고 있던 아벨 팔로모는 그 자리에서 사망했다. 열여

덟 살이었다. 아벨은 소시오 멤버였다. 중상을 입은 두 학생도 남미계였다.

아벨이 죽고 나서, 내가 찍어둔 아벨의 동영상을 다른 사람들에게 보여줬다. 아벨은 모히칸족 같은 머리 모양을 한 체격이 무척 큰 남학생이었다. 이미 세상에 없는 아벨은 동영상에서 "나는 커뮤니티를 돕는 일에 하나도 관심이 없었어. 하지만 이제는 달라. 나도 마을을 위해 뭔가 할 수 있다고!"라며 즐거워했다. "나는 이제 새 사람이야!"라고 크게 외치고 있었다. 아벨의 죽음은 비통했지만, 아벨이 매핑 활동에 참여하면서 큰 행복을 느꼈다는 건 마음에 깊게 남았다.

매핑 활동이 정말 삶을 바꿀 수 있을까? 프랭클린 고등학교의 참여자들은 커뮤니티매핑으로 삶이 달라졌다고 말했지만, 나는 그 말을 다 믿기 어려웠다. 설마 매핑 때문일까. 다른 이유가 있겠지. 헌신적인 교사가 있었고, 공동체성이 강화되었고, 함께 모여서 산책을 하다 보니 행동하고 싶은 욕구와 동기가 생겨났을 것이다. 그럼에도 불구하고 정말 커뮤니티매핑이 촉진제가 된 건 아닐까 하는 생각에 나는 이 작업을 조금 더 진지하게 접근하기로 했다.

소시오 클럽 중에 커뮤니티매핑을 하는 팀을 'IMSOCIO'라고 따로 구성했다. 내 이름이 임완수라 IM을 넣기도 했지만, 인터랙티브 매핑(Interactive Mapping)이라는 의미를 담았다. "나는 소시오 클럽 멤버입니다"라는 I'm의 의미도 있는 중의적인 표현이다. 아임소시오는 마을을 하나씩 살펴나가며 더 많은 지도를 만들었고 주말마다 모여 생산적인 일을 하려고 했다. 시간이 지나자 아이들은 같이 활동하는 럿거스 대학생들과 친분을 쌓으며 대학에 호기심을 가졌고, 대학에 가고 싶다고 이야기했다. 아이들은 비행을 삼가고 사회에 도움이 되는 일을 하기 시작했다. 마을 청소를 한 아이들은 더 나은 마을을 만들기 위해 무슨 일을 해야 하는지 자꾸 물었다.

아임소시오 학생들과 마을 안전 지도를 만든 건 2011년 여름이었다. 그다음 해 2012년 10월 말에 허리케인 샌디가 미국 동북부를 강타했다. 이 허리케인은 300년 만에 올까 말까 한, 상상을 초월하는 규모였다. 뉴저지도 마찬가지였다. 70~80퍼센트의 가구들에서 전기가 끊겼고, 전기가 끊기면서 합선이 일어나 여러 곳에 불이 났다. 교통신호 체계도 마비되었다. 전기가 끊기면서 가장 심각해진 것은 기름 공급이었다. 전기가 끊긴 것과 기름 공급이 무슨 상관이냐 할 수 있지만, 정전이 되면서 모든 인프라가 중단되었으니 주유소에서 기름을 공급받지 못했고, 설령 기름이 있는 주유소라도 전기가 들어오지 않으니 기름을 넣을 수 없었다. 미국은 석유 없이 살 수 없는 나라다. 허리케인이 지나가고 이어진 추운 날씨에 난방을 하려면 기름이 필요하고, 식료품이나 생필품을 구하러 가려니 기름이 필요했다. 한마디로 난리가 났다. 기름을 넣으려는 사람들이 주유소마다 길게 줄을 섰다.

앞서 얘기했던 허리케인 샌디 주유소 지도가 여기서 출발했다. 아임소시오 학생들에게 제안했다.

2012년 허리케인 샌디로 피해를 입은 뉴저지 해안가의 주택들.

"주유소 매핑을 해보자! 많은 사람들이 기름을 넣을 수 있는 주유소를 찾아 헤매고 있어. 우리가 지도 위에 정보를 기록하면 헛걸음을 줄일 수 있지 않을까? 그러면 더 많은 사람들이 조금이라도 편리하게 당장 급한 일을 해결할 수 있잖아!"

주유소 정보를 제공하는 사이트는 있었다. 하지만 실시간으로 업데이트되지 않아 정확하지 않았다. 모두가 혼란스러운 시기에는 불확실한 정보가 더 큰 혼란을 일으킨다.

아임소시오들이 사무실에 모여들었다. 각자 노트북을 들고 뉴욕과 뉴저지 근처의 주유소를 매핑하기 시작했다. 내가 구글 지도로 만든 커뮤니티매핑용 플랫폼인 매플러 앱를 이용했다. 뉴스와 페이스북, 트위터를 사용해 정보를 정리했다. 주유소 전화번호가 있으면 직접 전화를 걸어서 데이터를 추가했다. 우리가 수집한 정보는 간단했다. 기름이 있나? 언제 기름이 다시 들어오나? 스마트폰을 충전할 곳이 있나?

매플러를 이용해 사진과 정보를 누구나 손쉽게 기록하고 커뮤니티마다 새로운 범례를 만들어 레이어를 추가할 수 있게 했다. 로그인만 하면 누구나 사용할 수 있었다. 이 앱을 다운받아 정보를 클릭하고 누구나 수정할 수 있었다. 누군가 잘못된 정보를 기입하더라도, 다른 사람이 바로 수정할 수 있었다. 모두가 정확한 정보를 제공하려고 애쓸 것이라고 믿었다. 잘못된 정보를 누군가 감춰두면 그 정보는 교정되기 어렵지만 많은 이들에게 공개되면 언젠가 수정되기 마련이다. 나는 우리가 그 정도는 할 수 있다고 믿었다.

한참 작업 중일 때 미국 백악관에서 전화가 왔다. 어떻게 이렇게 빨리 정확한 정보를 취합할 수 있느냐고 물었다. 나는 프랭클린 고등학교의 아임소시오 클럽의 회원들이 자원봉사로 모든 정보를 취합해 PPGIS 지도를 만들고 있다고 대답했다. 정부기관에서 이 지도를 사용해도 되겠냐고 물었다. 오, 당연히, 더 많은 사람이 지도를 사용해야 쓸모가 있을 것 아닌가. 삽시간에 만들어진 이 지도는 미국연방정

2012년 허리케인 샌디 피해로 인한 주유소 기름 대란 때 기름을 사려고 줄 서 있는 시민들.

부에너지국(US Department of Energy)의 콜센터에서 활용했고 연방재난관리국(FEMA)과 구글 크라이시스맵에서 사용했다. 사람들은 매플러를 공유하면서 더 빨리 기름을 찾아 움직일 수 있었다.

아임소시오의 소식이 언론에 알려지기 시작했다. 〈허핑턴포스트〉, 〈CNBC〉 등 유명한 언론에 소개되었다. 참여한 학생들은 신나서 소리를 질러댔다. 미국연방정부에너지국에서는 학생들의 활동에 감사하다며 편지를 보내왔다. 노벨물리학상을 받은 스티븐 추 장관이 학생들에게 진심으로 고맙다고 편지를 보내왔고, 우리들은 믿을 수 없다며 방방 뛰었다. 게다가 미국 국무부 최고기술책임자(CTO) 토드 박은 "당신들이 한 일은 미국 전역에 감동을 주었습니다"라는 동영상 메시지를 보내왔다.

아임소시오와 허리케인 샌디의 주유소 지도 작업은 나에게 큰 전환점이었다. 매핑에 참여한 학생들의 태도가 변하고, 모두가 동기부여를 받고, 세상에 내놓았더니 사람들이 감동을 받았다며 우리에게 감사를 표했던 모든 것들이, 커뮤니티매핑은 분명 세상을 바꿀 수 있다고 믿게 해주었다.

우리가 현재 향유하는 민주주의는 대의제(representative) 민주주의다. 약 2,400여 년 전 고대 그리스의 아테네인들이 누렸던 직접 민주주의와 달리, 주권자의 의지를 대변해 선출된 소수의 대표자들이 사회가 나아갈 방향을 결정하고 집행을 주도한다. 자칫 주권자가 중요한 사회공동체의 의사를 결정할 때 필수적인 정보에 접근할 공정한 기회가 제약되고 훼손될 가능성이 존재한다. 커뮤니티매핑은 대의제 민주주의의 이런 약점을 보완할 수 있는 대안적 방법으로 주목받는다. 국가가 제공하지 않거나 혹은 못하는 정보를 시민이 직접 수집·생산하기 때문이다. 즉 커뮤니티매핑 과정에 참여하는 순간 모두가 평등하게 자기가 가진 정보를 기입하고 동등하게 사용할 수 있다. 우연에 의해서 생겨난 차별이 정보에까지 이르는 세상이다. 정보와 멀리 떨어져 있는 사람이더라도 구글 지도만 열 수 있다면 정보를 얻을 수 있고 정보 제공에 기여할 수 있다.

모두가 똑같은 양과 질의 정보를 갖는 것을 추구하는 가치가 평등이라면, 기회를 얻지 못한 사람도 정보에 접근할 수 있도록 보장하는 가치는 형평이다. 예를 들어 허리케인 샌디 때 만든 주유소 지도는, 멀리 떨어진 지역까지 가서 가격에 구애받지 않고 자동차 기름을 구입할 수 있는 넉넉한 계층에게는 그리 매력적인 정보가 아닐 수 있다. 하지만 사는 곳 가까운 데서 저렴한 기름을 사고자 하는 사람에게는 매우 유용한 정보이다. 이것이 바로 커뮤니티매핑이 추구하는 형평성이다.

앞서 살펴본 정보의 접근성 차원에서의 형평성과 함께 자원(resources)에 대한 형평성도 빠뜨릴 수 없다. 예를 들어 지역의 가로등 위치와 가로등의 작동 여부에 관한 커뮤니티매핑을 하면 동별(마을별)로 얼마나 많은 가로등이 제대로 작동하고 있는지 한눈에 파악할 수 있으며, 지역별 자원 분배의 형평성에 대해서 다시 생각할 수 있다. 즉 기본적인 주거 환경의 구성요소 중 하나인 가로등이 특정 지역에 편중되어 설치돼 있거나 어느 지역에 부족하다면, 이런 불균형을 바로잡아야 하는 과제가 지역사회에 주어진다.

교육, 참여, 역량 강화

의료보건 분야에 있다 보니 한국과 미국의 몇 가지 차이점을 느낀다. 그중 가장 도드라진 것은 모기다. 나는 2010년 이후 1년에 열 번 이상 한국에 드나들며 커뮤니티매핑 활동을 해왔는데, 한국의 여름은 미국에 비해 놀라울 만큼 모기가 많다. 그럼에도 불구하고 한국에서는 모기에 별다른 관심을 기울이지 않는다. 한국의 모기는 미국의 모기보다 안전한지 궁금하다.

모기가 각종 감염병을 옮긴다는 것은 오래전부터 알려졌다. 2016년 남아메리카를 비롯한 지역에 지카 바이러스가 퍼지고 이집트 모기가 매개체라는 사실이 알려지면서 미국에 비상이 걸렸다. 이집트 모기는 흰줄숲모기로 황열병, 뎅기열, 치쿤구니야열, 심장사상충을 옮긴다. 지카 바이러스를 가진 모기가 남미에서부터 카리브해를 타고 미국의 남동부에 상륙하면서 상황이 심각해졌다. 지카 바이러스 증상은 뎅기열과 비슷한데 백신이 없다. 지카 바이러스에 감염되어 태어난 아이는 소두증을 비롯한 여러 가지 위험에 노출된다. 임산부가 이 바이러스에 걸리면 출산하는 아이에게 치명적인 영향을 끼친다고 알려져 있다.

2016년, 지카 바이러스가 미국에 상륙하자 오바마 대통령이 나서서 이 문제를 해결해야 한다고 발표했다. 미국 정부는 시민들이 지카 바이러스 발생 지역에 가는 것을 막고, 지카 바이러스가 얼마나 위험한지 경고했다. 임산부에겐 특별 안내를 하기도 했다. 그렇지만 여기저기 날아다니는 모기를 막는 데 한계가 있다 보니 백신이 만들어지기 전까지는 위험할 수밖에 없었다.

감염병은 취약한 곳에서 먼저 발생한다. 개인의 건강, 활동반경의 환경, 개인과 공동체의 환경보건에 관한 지식과 행동이 감염병의 전파와 직결되어 있기 때문이다. 미국의 취약계층인 흑인을 비롯한 라틴계와 미국인디언의 삶은 상상 이상으로 어렵다. 인격적인 모욕만이 인종차별이 아니다. 가난이 대물림되며 폭력과 무지, 그로 인한 열악한 생활 환경도 대물림된다. 사회적으로 이들의 삶을 개선하기 위한 적극적인 개입이 없었기 때문에 흑인노예제로부터 시작된 사회경제적으로 어려운 생활조건이 현재까지도 이어지고 있다.

미국에는 한국식으로 말하면 '모기관리청'이 있다. 모기관리관이라는 직종도 있다. 모기가 그 지역에 어떤 바이러스를 전파하는지 알아내기 위해서 현재까지는 매우 원시적인 방법을 사용한다. 닭을 한 마리 잡아서 신체 일부분의 털을 뽑고 벌판에 묶어둔다. 그러면 모기가 와서 닭의 피를 빨아먹는다. 묶여 있던 닭을 실험실로 가져가서 닭의 피를 뽑고 핏속에 바이러스가 있는지 검사한다. 날아다니는 모기를 한 마리씩 잡아서 바이러스를 채취하는 것보다 이 방법이 효율적이다. 닭에게는 매우 미안한 일이다.

모기로 인한 감염병이 공동체를 위협한다면, 지역사회에서는 모기를 없애고 모기가 많은 지역을 방역하는 방법이 있다. 생각해보자. 과학문명의 이기를 구석구석 받고 있는 소득이 높은 대도시보다 열악한 소도시에 모기가 많을 수밖에 없다. 모기의 습성을 보면, 고여 있는 물웅덩이에 알을 낳고 수풀 속에 산다. 위생적인 환경보다 비위생적인 환경이 모기의 서식에 더 좋다. 방역과 위생관리가 잘되어 있는 도시에서 에어컨을 비롯한 냉난방 시스템을 내내 돌리는 사무실에 앉아 있는 사람보다, 수풀이 우거져서 여기저기 물웅덩이가 있고 에어컨 없이 여름이면 창문 열어놓고 선풍기 바람 쐬는 사람이 모기에 물릴 확률이 더 높다. 쉽게 말해, 가난할수록 모기에 물릴 확률이 높고 모기로 인한 질병에 걸릴 가능성이 높아진다. 전염병은 빈부격차가 없다고 하지만, 통계가 말해주는 것은 분명한 차이가 있다. 나는 커뮤니티매핑으로 감염위험도가 높은 공동체에 지카 바이러스의 위험성을 알리고 싶었다.

2016년은 지금처럼 내슈빌에 있는 메해리 대학에서 일할 때다. 내슈빌 북부의 중학교 학생들과 지카 바이러스 확산 예방을 위한 커뮤니티매핑을 할 기회가 생겼다. 이 프로젝트에 참여한 중학생은 108명이었다. 이들에게 커뮤니티매핑을 위한 교육을 실시하면서 일단 데이터 수집법과 지카 바이러스에 대한 기본 교육을 했다.

커뮤니티매핑은 관련 주제에 대한 기본적 지식이 필요하다. 활동이 재미있으려면 '내가 왜 이 매핑을 하는지, 이 매핑으로 나에게 어떤 변화가 올 수 있는지'를 먼저 알아야 한다. 이것으로 중학생들에게 '마을의 건강을 지킬 수 있는 공익적 정보를 수집하고 사람들에게 알리는 역할'을 맡긴 셈이다.

아이들은 매핑 활동 전에 모기를 매개로 한 전염병이 어떻게 전파되고, 어떤 증상이 나타나고, 어떻게 예방할 수 있는지 공부했다. 우리는 통제하기 어려운 바이러스를 멀리하기 위해 무슨 일을 할 수 있을지 아이들에게 물었고, 학생으로서 할 수 있는 일을 제시했다. 모기

지카 바이러스 예방을 위해서 모기 서식지 커뮤니티매핑을 하는
미국 테네시주 내슈빌의 중학생들.

를 피하는 것, 긴팔 옷을 입는 것, 모기가 서식할 장소를 없애는 것, 집
안에 모기가 들어오지 못하게 하는 것, 지카 바이러스에 걸렸다면 더
더욱 모기에 물리지 않도록 주의하는 것 등이 안전수칙이다.

　학생들은 기본 교육을 통해 공공보건과 모기 매개 감염병을 배우
고, 커뮤니티매핑에 필요한 앱인 매플러를 어떻게 사용하는지 익혔
다. 메해리 대학의 학생들은 중학생들의 멘토가 되어 교육을 실시하
고 프로젝트 현장에서 리더 역할을 맡았다. 매핑을 하기 위해 아주 기
초적인 지리 교육도 실시했다. 위도와 경도를 구분하는 법, GPS를

읽는 법, 지점을 표시하는 법, 지도를 읽는 법, 정확한 사진을 찍어 데이터를 올리는 법, 연관키워드를 찾아서 태그를 만드는 법 등을 교육했다.

교실 안에서 기본적인 지식을 습득하면 현장으로 나간다. 아이들은 생각보다 많은 모기 서식지를 발견하며 열심히 매핑 활동을 했다. 스스로 모기에 물리지 않도록 조심하는 것도 잊지 않았다.

아이들은 교육과 참여, 바이러스 예방 활동을 통해 자기효능감을 느꼈다. 행동하는 것이 곧 배우는 것이라는 교육이론에 잘 맞아떨어지는 교육이다. 학생들은 듣는 수업으로는 10퍼센트를 이해한다고 한다. 하지만 배우고 공유하고 서로 돕는 활동으로 이어진다면 약 90퍼센트까지 자기가 배우는 것을 이해한다고 한다. 아이들은 걸어 다니면서 보행권을 생각하고, 주변 환경 위생에 관심을 기울인다. 바깥에 나가 걷다 보면 나무나 꽃의 이름도 알게 된다.

우리는 아이들이 만든 데이터를 기반으로 웹사이트를 만들었다. 이 웹사이트는 정부기관에서 모기를 박멸하고 질병을 통제하는 데이터로 사용할 수 있다. 아이들의 프로젝트 만족도는 더할 나위 없이 좋았다. 이 과정이 참여, 소통, 공감, 배려가 한번에 이루어지는 커뮤니티매핑이다. 매핑 활동에서 늘 감동적인 것은 아이들이 스스로 키워가는 '자기효능감'이다. 나는 쓸모 있는 사람이고 지역사회를 위해 공헌할 수 있는 사람이며, 공익 활동이 전혀 어렵지 않다는 인식은 아이들이 세상을 다르게 보는 시각을 갖게 한다.

활동을 기획하고 이끄는 나도 항상 새롭다. 별것 아닌 작은 일인데, 이렇게까지 좋아할 일인가 신기하다. 대다수의 학생과 시민들이 작은 활동을 통해 공익적 목적을 실현할 기회가 적었기 때문 아닐까 생각한다. 시민들이 자기 삶을 위한 경제 활동 외에, 정의로운 일에 생활의 일부분을 투자하는 것은 중요하다. 하지만 그럴 기회는 특정한 사람들에게 우선적으로 주어지며 진입장벽이 높다. 그럼에도 불구하고 사람들은 계속해서 뭔가 쓸모 있는 사람이 되려고 한다. 그래서 빈곤 아동에게 월 1만 원씩 보내는 것으로 쓸모 있는 사람임을 입증하려고 한다. 커뮤니티매핑은 돈을 들이지 않고 밖에 나가서 걸으며 데이터를 수집하는 것만으로도 자신을 공익활동가로 만들어준다.

8

가치

함께 모여서 지도를 만드는 것이 사실 대단히 어려운 활동은 아니다. 유치원생부터 노인까지 모든 연령대의 사람들이 할 수 있다. 정보 수집을 위해 꼭 걷지 않고 보행수단을 이용해도 된다. 휠체어를 타거나 보행이 어려운 사람, 교통약자일수록 더 귀한 정보를 제공할 수도 있다. 그간 한국에서 시도한 커뮤니티매핑은 수백여 가지에 이른다. 프로젝트를 준비하고 실행하는 단계는 늘 즐겁다. 참여한 사람들이 감탄사를 연발할 때마다 희열을 느낀다. 커뮤니티매핑은 활동 자체가 교육이 되는데, 그중 인성적 측면은 참여, 소통, 공감, 배려의 가치를 가진다.

참여

코로나19 바이러스가 확산되면서 한국뿐 아니라 세계 여러 나라에서 등교수업을 중단하고 원격수업을 했다. 기술문명이 발달한 나라는 온라인수업을 시도했다. 한국에서 원격수업이 진행되는 동안 터져 나왔던 불만을 떠올려보자. 아이들이 모니터 앞에 앉아 멍하니 온라인 교육 콘텐츠를 보는 것이 전혀 교육적이지 않다는 비판이 많았다. 이것은 무슨 뜻일까? 교육은 한쪽이 떠들고 한쪽이 듣는 것으로 이루어지지 않는다는 것에 대다수 국민들이 동의한다. 교육은 모든 사람이 동등한 권리를 가지고 참여할 때 그 효과가 있다.

커뮤니티매핑은 참여가 기본이다. 정보를 읽는 행위가 참여이고, 정보를 제공하는 행위는 더욱 적극적인 참여다. 커뮤니티매핑은 상호작용이 일어날 때 제대로 힘을 발휘할 수 있다. 좋은 교육은 참여자의 긍정적 에너지를 이끌어 스스로 동기를 찾고 변화하게 이끄는 것 아닐까? 커뮤니티매핑은 참여 활동이 필수적이기 때문에 일단 적극적으로 나서야 한다.

커뮤니티매핑에서는 참여자가 정보를 찾아 직접 입력한다. 이 참여자는 자신이 정보를 생산하는 주체임을 계속 깨우친다. 참여자는 더 많은 정보를 획득하기 위해 능동적으로 움직인다. 초등학생들과 커뮤니티매핑 활동을 할 때 이런 역동을 많이 느낀다. 대부분 보호자와 동행한 어린이들은 도심 속에서 정보를 찾아내며 즐거워한다. 마치 학교 소풍에서 보물찾기를 하는 것과 같다. 아이들은 스마트폰을 이용해 정보를 입력하는데, 자기가 찾아낸 정보가 바로 데이터가 되는 것을 눈으로 확인하며 환호성을 지른다. 이 순간이 아이들을 더 역동적으로 움직이게 하는 동기가 된다. 어쩌면 게임을 즐기는 것 같기도 하다. 아이들에게 더할 나위 없이 즐거운 교육 활동이다.

모든 것은 참여에서 시작한다. 참여하지 않으면 자원봉사나 남을 돕는 일이 얼마나 기쁜지 경험할 수 없고, 자기의 작은 실천과 노력이 지역사회와 다른 사람에게 도움을 주는 기회도 가질 수 없다.

소통

커뮤니티매핑은 대부분 한 가지 이상의 주제를 가지고 진행한다. 예를 들어 도로보행권에 관한 커뮤니티매핑에는 장애인 접근성이 당연히 따라온다.

도로보행권은 도시에 사는 모든 시민이 공평하게 누려야 하는 권리다. 공동체의 구성원이라면 누구나 편안하고 안전하게 도시기반시설을 누릴 수 있어야 한다. 그러나 복잡한 도시생태상 잘 만들어놓더라도 곧잘 손상되거나 파손되기 마련이다. 안전 지도는 망가진 곳을 찾아내서 빠르게 복구할 수 있는 목적으로 기획되었다.

현장에 나갔을 때 이용자들의 부주의로 파손된 곳 말고도 애초 길을 만들 때부터 잘못된 곳들이 눈에 들어왔다. 가장 흔한 것이 장애인 교통약자의 접근성이다. 장애인이 접근하기 어려운 곳은 사실 비장애인들에게도 불편하다. 턱이 높은 인도나, 가게 입구 등이 그렇다. 비장애인들은 보행도로를 살피며 '장애인은 참 불편하겠다' 정도에 그치지만 장애인들에게는 훨씬 심각한 문제다. 장애인에게 접근 불

가능성은 생존과 직결된다.

비장애인에게 장애인 접근성이 얼마나 중요한지 알리기 위해 '유니버설디자인' 개념이 도입되었다. 높낮이가 다른 버스나 지하철 손잡이, 따기 쉬운 참치캔, 누구나 쉽게 열 수 있는 레버형 문고리가 대표적인 사례다. 유니버설디자인은 연령, 성별, 언어 및 장애와 관계없이 모든 사람이 안전하게 이용할 수 있는 환경을 디자인하는 것이다. 그러나 개념 도입만으로는 장애인의 삶을 바꾸지 못한다. 예를 들어 위기 상황에 물건을 사러 나가야 하는데 장애인이 출입조차 할 수 없다면, 이 장애인은 더 위험해질 수 있다. 코로나19 바이러스로 도시가 폐쇄되고 혼자 격리생활을 해야 하는 경우를 생각하면 쉽게 이해할 수 있다.

럿거스 대학 학생들과 생활의 불편함을 찾아내는 커뮤니티매핑을 진행했다. 학생들은 주로 자전거를 많이 타고 다녔는데, 학교 주변 도로가 움푹 파이거나 블록이 깨져 있어 사고 위험이 높다고 했다. 학생들과 학교 밖에 나가 통학로를 살펴보며 자전거 통행에 방해가 되는 지점을 파악하고 지도 위에 데이터를 올렸다. 대학생들과 하는 작업이니 기술적인 면에는 어려움이 없었다. 직접 나가 살펴보니 평소에 잘 인지하지 못했던 도로의 취약한 부분이 여기저기 눈에 띄었다. 도로에 자전거 사고가 날 만한 곳이 상당히 많았다. 자전거가 갈 수 없다면 휠체어가 다닐 수 없고, 다리가 불편한 사람이 걷기 어려울 것이다.

커뮤니티매핑은 함께 만드는 공동체 지도다. 지도를 함께 만들면서 소통은 필수다. 같은 또래끼리도 소통하지만, 나보다 나이가 많은 어르신들, 또 나보다 나이가 적은 어린 학생들과 소통하면서 다양성을 배운다. 장애인과 비장애인은 장애인 편의시설 지도 만들기를 하면서 생전 처음, 나와 다른 세계에 사는 사람들과 소통하기 시작하고 서로를 이해한다.

공감

커뮤니티매핑은 여러 사람이 함께 참여해야 그 효율을 높일 수 있다. 참여하는 사람이 많으면 많을수록 더 많은 정보가 쌓인다. 개개인이 가진 시각과 발견의 능력은 모두 다르다. 한 사람보다 두 사람이, 두 사람보다 열 사람이 더 다양한 시각을 보여준다. 나는 알아채지 못했는데 다른 사람이 알아낸 정보를 보며 우리는 쉽게 공감한다.

장애인 커뮤니티매핑에 장애인과 비장애인이 함께 참여했을 때 공감도는 높게 올라갔다. 참여자는 장애인 당사자, 보호자, 복지기관 종사자, 비장애인 자원봉사자 등 다양했다. 비장애인들은 장애인들의 휠체어 바퀴 크기나 두께에 따라 접근할 수 있는 보행도로가 다르다는 걸 깨달았고 장애인들이 평소에 얼마나 불편했는지 공감했다.

이 공감은 그저 고개를 끄덕이는 정도에 그쳐선 안 된다. 나보다 더 불편한 사람을 위해 행동할 때 커뮤니티매핑의 목적을 달성할 수 있다. 나와 다른 사람들이 느끼는 것을 깨닫고, 이해하고, 때로는 함께 행동할 수 있다. '공감'은 지구의 기후위기, 피폐해진 사람들, 코로나 팬데믹 시대의 사람들에게 꼭 필요한 말이다.

배려

한국어에서 배려는 나보다 안 좋은 처지에 있는 사람을 살핀다는 의미가 강하다. 그래서 이 단어를 써야 하는지 갈등이 일어난다. 영어에서는 sympathy와 empathy로 구분할 수 있다. sympathy는 공감하고 고개를 끄덕여주는 정도이지만 empathy는 같이 울어주는 것이다. 신영복 선생은 상대를 배려하는 최대치를, 우산을 씌워주기보다 함께 비를 맞는 것이라고 했다. 얼마 전 해시태그에서 자주 보였던 #withyou와 같은 개념이다. 한국어로는 '배려'가 적절해 보인다.

참여, 소통, 공감, 배려는 이 시대에 참 중요한 단어이다. 참여를 통해 소통이 일어나고, 상대를 공감하면서 배려하는 행동이 나오기 때문이다. 배려와 공감이 강력하게 작동할 때는 역시 접근성에 관한 커뮤니티매핑을 할 때다. 서울의 중증장애인독립생활연대와 했던 커뮤니티매핑에서도 그랬다. 독립연대는 중증장애인의 독립생활을 위해 활동하는 단체다. 독립연대에서 듣게 된 이야기는 충격적이었다.

"며칠 전에 인사동에 밥을 먹으러 갔는데 두 시간 동안 헤맸어요. 휠체어가 들어갈 수 있는 곳이 없더라고요."

10년 전이니 장애인 접근성이 나빠서 장애인이 외부 활동을 하는 게 지금보다 더 어려웠다. 나는 커뮤니티매핑으로 장애인 접근성 지

중증장애인독립생활연대 멤버들과 함께 커뮤니티매핑 관련 미팅을 하고 있다.

도를 만들면, 유용한 데이터를 함께 쓸 수 있다고 소개했다. 바로 일
이 성사되어 독립연대와 장애인 접근성 커뮤니티매핑을 진행했다.

2011년 8월부터 10월까지 서울의 중심가인 인사동, 명동, 대학로
의 문화시설 커뮤니티매핑을 진행했다. 장애인시설이 설치되지 않아
극장은 들어갈 수조차 없는 곳이 많았으며, 지하에 있는 소극장은 꿈
도 못 꿨다. '다행히' 극장을 발견해 문화생활을 했다고 치자. 좋은 문
화공연을 봤으니 비장애인들처럼 밥도 먹고 차도 마시면서 공연을
음미하고 싶은데, 장애인들이 들어갈 수 있는 식당을 찾는 게 정말 어

려웠다. 대부분 문턱이 있어서 아예 들어갈 수조차 없었고, 문턱이 없어 들어갈 수 있으면 의자가 고정식이라 휠체어를 탄 채 자리에 앉을 수 없었다. 게다가 화장실은 계단 위에 있거나 장애인 화장실이 없었다. 당시 명동에 장애인 휠체어가 들어갈 수 있는 곳은 열일곱 군데에 불과했다. 그중에서 화장실까지 갖춘 곳은 거의 없었다. 인사동과 명동, 대학로에서 장애인이 들어갈 수 있는 곳은 극장 2곳, 소극장 3곳, 미술관 2곳, 영화관 1곳이었다.

장애인과 비장애인이 함께 커뮤니티매핑을 진행했다. 미국에서는 비장애인들이 수시로 장애인 접근성을 조사해왔지만 그 당시 한국에서는 흔치 않은 일이었다. 장애인 접근성을 조사하면서 당사자 아닌 비장애인도 참여한다는 데에 의구심을 갖는 사람도 있었다. 장애와 비장애의 경계를 없애야 장애인 접근성과 인식 개선이 같이 이루어질 수 있다는 의도로 가능한 한 다양한 사람들의 참여를 유도했다. 비장애인은 현장에 나가 거리를 돌아보며 수시로 "아……" 하는 탄식을 쏟아냈다. 여기도 안 되고, 저기도 안 되고 걸림돌이 너무 많았다. 비장애인은 휠체어의 기능에 대해서 알게 되었고, 장애인은 자신들의 일상에 얼마나 불편함이 많은지 비장애인에게 설명했다.

커뮤니티매핑에 참여한 한 장애인은 이렇게 말했다.

"솔직히 기뻤어요. 그동안은 장애인들만 이런 활동을 했거든요. 95퍼센트가 우리 말을 안 들어주니까……. 대화할 수 없으니까 우리는 어느 곳에 하소연할 수도 없었어요. 그런데 오늘처럼 장애인과 비장애인이 함께 모여 이런 걸 조사하고 탐구하다 보니 비장애인들이 우리 마음을 이해해주는 것 같아 정말 기뻤어요. 그동안 많이 슬펐거든요."

직접 체험하고 소통하면서 비장애인과 장애인 간의 장막이 하나 걷어졌다. 비장애인은 장애인의 사연을 듣기도 하고 함께 공감하면서 더 많은 장애 불편 요소들을 찾아냈다. 비장애인에겐 여느 때와 똑같은 한 걸음이지만, 휠체어가 지나가지 못하자 난감해했다. 비장애인들은 마치 자신의 잘못인 듯 서둘러 사과하고 어쩔 줄 몰라 했다.

고등학교 선배님의 자녀이고 당시 고등학생이던 한결이는 오빠 한얼이와 함께 장애인 접근성 커뮤니티매핑을 하면서 독립연대 후원서를 썼다. 이후 장애인 접근성 커뮤니티매핑을 할 때마다 나타나서 함께 활동했다. 한결이는 나중에 사회복지사가 되겠다고 했다. 한결이가 진로를 정한 것은 깊은 공감에서 우러난 배려였다. 여기서 말하는 배려는 타인이 나보다 형편이 어렵기 때문에 배려하는 것이 아니라, 형편이 어려운 사람이 나와 조건이 다르다는 이유로 사회적 차별을 받는 것이 옳지 않다는 생각에서 나오는 행동이다.

서울 시내 중심에서 활동한 이 커뮤니티매핑은 언론의 주목을 받았다. 우리가 만든 데이터가 여러 곳에 공개되었다. 이 일을 계기로 2012년 3월에 서울시와 함께 장애인 커뮤니티매핑을 실행했다. 곧이어 대중교통 이용 개선 토론회에 참석했고, 교통약자를 위한 시민참여형 지도도 제작했다. 서울시에서 큰 관심을 가졌다.

참여, 소통, 공감, 배려는 개인의 삶에 작은 파장을 일으킨다. 이 과
정이 여러 번, 많은 곳에서 반복되면 사회적 배려가 일어날 수 있다.
이러한 시도들이 정책이 되어 도시 환경을 바꿀 수 있으며, 더 많은
사람이 더 많이 참여하고 더 많이 소통하고 공감하면서 사회 구성원
다수가 서로를 배려하는 문화로 나아갈 수 있다.

자원봉사와 집단지성

앞서 얘기한 몇 가지 사례의 공통점은 대부분의 프로젝트가 자원봉
사로 이루어졌다는 점이다. 뉴욕 화장실 지도부터 아임소시오, 한국
에서의 장애인 접근성이 그렇다. 이후의 대다수 프로젝트도 자원봉
사로 진행했다.

자원봉사는 커뮤니티매핑의 원칙 중 하나다. 한국에서는 봉사라는
개념이 타인을 위해 희생하고 헌신하는 느낌이 강한데, 영어에서
volunteer는 헌신보다 개척자의 이미지가 강하다. 커뮤니티매핑은
주어진 환경, 이미 존재하는 대지 위에 하나씩 데이터를 올리는 작업
이다. 빈 땅에 깃발을 꽂는 이미지를 상상해도 좋다.

커뮤니티매핑은 누구나 쉽게 참여하는 것이 목표다. 그 과정에서
일어나는 다양한 상호작용이 커뮤니티매핑의 효과를 키운다. 참여하
는 사람이 활동에 대한 대가를 화폐로 받게 되면, 이 활동은 더욱 전
문적이어야 하고 더욱 정확해야 하는 업무가 된다. 일이 되는 것이다.
물론 커뮤니티매핑을 활용하는 전문적 영역도 분명히 존재한다. GIS

는 고급 정보이며 정책 입안에 활용도가 높기 때문에 전문가의 역할이 있다. 이 책에서 말하는 커뮤니티매핑은 전문적 영역 이전 단계의 과정이다. 지리적 지식이 없고, 전문가가 아닌 모든 사람이 경계 없이 참여하는 것이 중요하다. 개인의 삶에 더욱 넓은 시각을 제공하고 새로운 세상을 맛보게 하는 것이다.

지하철은 누구나 사용할 수 있는 교통수단이다. 저렴한 가격으로 대도시의 여러 곳을 오밀조밀하게 연결한다. 서울의 지하철은 누가 봐도 놀랍다. 안 가는 곳이 없고, 배차 시간도 짧다. 시간도 칼같이 지킨다. 서울의 역동성을 지하철에서 발견할 수 있다. 다양한 사람들이 편리하게 이용하는 도시의 모세혈관 같은 교통수단이다. 하지만 지하철이 누구에게나 편리할까?

우리는 지하철 장애인 접근성 커뮤니티매핑을 통해 정말 지하철이 누구에게나 개방적인가 살펴보았다. 일단 지하철은 계단이 상당히 많다. 에스컬레이터나 엘리베이터 설치가 늘어나고 있지만 지하철을 타는 데에는 계단이 기본 수단이다. 한국은 수시로 전국장애인연대가 이동권 시위를 벌인다. 그만큼 개선해야 할 부분이 많기 때문이다.

휠체어를 사용하는 장애인들은 지하철 입구부터 장애물에 가로막힌다. 에스컬레이터는 휠체어가 오를 수 없기 때문에 엘리베이터를 찾아야 한다. 그런데 출구마다 있는 것이 아니고 한 개 역에 두세 개쯤 있기 때문에 엘리베이터를 타기 위해 더 먼 거리를 돌아서 가야 한다. 서울의 지하철은 노선이 늘어나는 만큼 복잡해졌다. 특히 두 개

지하철 승강장에서 장애인 접근성 커뮤니티매핑을 하고 있는 가족.

이상의 노선이 겹치는 환승역은 엘리베이터를 서너 개 갈아타야 하
는데, 아예 엘리베이터가 없는 곳도 있다. 엘리베이터에서 막혀버리
면 휠체어로 어렵게 내려온 일이 허사가 된다. 지하철 승강장에 도달
했다고 쳐도 지하철 열차와 승강장 사이의 폭이 넓으면 휠체어로 탑
승하는 게 무척 위험하다. 앞서 장애인 접근성은 그저 여가를 위해서
가 아니라 생존과 직결된다고 말했는데 바로 이런 경우다. 만약 지하
철에서 빨리 대피해야 할 일이 생겼을 때 휠체어는 어떻게 탈출할 수

있을까? 화재가 나면 엘리베이터는 여러 가지 위험요소가 되기 때문에 작동하지 않는다. 장애인들은 어떻게 해야 할까?

우리는 지하철역의 엘리베이터 위치를 살펴보고 승강장과 열차 사이의 길이를 쟀다. 이 과정에서 위험할 수 있기에 더욱 조심해야 한다. 매핑 활동 전에 안전 교육을 강화했다. 지하철 문이 열리는 사이에 긴 자를 살짝 갖다 대는 것으로 승강장 사이의 길이 재기는 끝난다. 이 데이터를 앱 위에 적어내기만 하면 활동한 지역의 지하철 접근성을 파악할 수 있다.

우리가 계속한 장애인 접근성 커뮤니티매핑은 배리어프리(barrier free) 커뮤니티매핑으로 불린다. 2016년에는 구글임팩트챌린지에 도전해 임팩트펀딩을 받았다. 구글임팩트챌린지는 비영리단체의 사회 혁신 프로젝트를 선정해 펀드를 지원한다. 배리어프리 커뮤니티매핑은 '장벽 없는 세상 지도 만들기'라는 제목으로 도전했다. 이때 받은 상금으로 '베프 지도'를 만들었다. 이 앱은 기존의 매플러와 비슷한 형태지만 사용자 접근성을 더 높였다. 장애인뿐 아니라 노약자와 임산부를 포함한 교통약자가 공공시설과 문화시설에 쉽게 접근할 수 있는 정보를 모으는 것이 목표다.

20여 회의 워크숍과 100여 회의 강연을 진행해서 35,505곳을 장애인 접근이 가능한 곳으로 등록했다. 앞서 얘기한 대로, 이 모든 작업은 참여자들의 자원봉사로 진행되었다.

지역주민들은 지역의 사회기반시설을 자유롭게 이용할 권리가 있

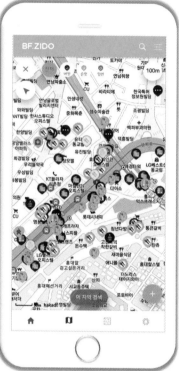

베프 지도(BF.ZIDO) 애플리케이션.

다. 하지만 타인에게 관리를 맡기고 그 혜택만 누릴 때와 스스로 관리에 참여할 때의 의식은 달라진다. 개인이 공공의 공간에 의견을 더할때 '나의 공간'이 된다. 커뮤니티매핑은 지역 커뮤니티에 속한 구성원들이 내가 사는 공간을 새롭게 보고 디자인할 수 있는 역량을 제공한다.

스쳐 지나가던 길이 불편하다면 사람들은 대체로 두 가지 반응을 보인다. 불평하며 그냥 지나가거나, 관리책임이 있는 관공서에 전화해서 따져 묻는다. 똑같이 불편하다고 느끼더라도 그 행동반응은 모두 다르다. 불평하면서 '다음엔 조심해야겠다' 생각하며 혼자만 알고 넘어가는 행동은 세상에 별 영향을 끼치지 못한다. 이 불편을 개선해 달라는 요구는 일시적이고 단편적인 불편을 즉각 고칠 수 있다. 그러나 여기서 더 나아가 커뮤니티매핑처럼 여러 사람이 불편한 도로를 바라보면 다양한 소통이 오가면서 더 나은 개선책을 제시할 수 있다. 집단의 힘이란 그런 것이다.

2020년에는 경기도에서 배리어프리로드(Barrier Free Road) 프로젝트를 진행했다. 배리어프리로드는 여태 해왔던 장애인 접근성 커뮤니티매핑을 지역사회 기반 활동으로 조금 더 확장한 개념이다. 경기도자원봉사센터, 경기도시각장애인복지관, 한국편의시설기술원이 참여했다. 프로젝트는 경기도자원봉사센터의 제안으로 출발했다. 경기도시각장애인복지관과 경기도자원봉사센터는 2020년에 경기도에 있는 교차로의 시각장애인 보행편의시설을 전수 조사할 계획이었다. 공공기관은 상당히 많은 데이터를 가지고 있지만, 그 데이터를 전담하는 소수의 인원이 데이터를 수집하고 구축하기 때문에 업데이트가 늦을 수밖에 없다.

데이터의 중요성은 이제 누구나 알고 있다. 정보를 취합하는 일은 누구나 할 수 있지만, 이를 위해서는 기초적인 교육이 필요하다. 우리가 가지고 있는 모든 정보가 쓸모 있다고 보긴 어렵다. 때에 따라 데이터의 필요성은 달라진다. 시각장애인에게는 소리 신호가 매우 중요할 수 있지만, 청각장애인에게는 소리 신호가 소용없거나 그 역할이 미미하다. 따라서 공공기관은 데이터의 관리를 일반 시민에게 마구잡이로 넘길 수 없다. 데이터의 필요와 중요도를 판단하는 사람들이 정보 취합과 분석, 공유를 전담하다 보니 범위와 시기가 조금씩 늦어질 수밖에 없다. 특히, 경기도처럼 인구가 많고 면적이 넓은 곳은 데이터 취합이 더 어렵다. 각 시군도 모두 형편이 달라서 어떤 곳은 데이터가 잘 정리되어 있고 어떤 곳은 4년 전 데이터만 가지고 있다. 모두가 의무적으로 데이터 수집 정리를 하는 건 아니기 때문이다. 이를 보완할 수 있는 대안이 보편적 기술의 보급이다. 커뮤니티매핑센터에서는 참여 단체의 의견을 받아서 앱을 진화시켰다. 데이터를 수집해 분석하는 기능을 추가하고, 시설물이 잘 작동하는지 여부를 참여자가 입력하면 각 시군 담당자에게 전달되는 기능, 인포그래픽을 통해 정보를 읽기 좋게 시각화하는 작업을 추가했다.

자원봉사 참여자들은 시각장애인의 보행 환경 매핑에 필요한 정보를 사전에 습득해야 한다. 다양한 시각장애의 정도를 이해하고, 시각장애인 보행 환경의 기준을 알아야 했다. 조사 지역의 자원봉사센터에서 자원봉사자들을 추천해주었다. 전반적인 보행 환경, 점자블록, 볼라드와 횡단보도 신호 체계에 대해 배워서 시각장애인 보행 환경 정보를 수집했다. 총 35개의 모둠에서 경기도 내 2,606개 지점의 시각장애인 보행시설 현황을 수집했다. 우리가 파악한 음향신호기는

1,574개였는데 이 중에 355개가 작동되지 않았다.

보통 이런 상황에서는 불편을 느낀 한 사람의 시민이 용기와 시간을 내어 관련 부처에 민원을 제기한다. 담당부서에서는 설치업체에 연락해 계약에 따른 비용을 알아보고 문서를 작성해서 결재를 받는다. 그 이후 설치업체가 현장에 나와 고장난 음향신호기를 고치고 돌아간다. 또 다른 사람이 같은 일을 반복하면 똑같은 업무과정이 반복된다. 만일 355개의 음향신호기에 대해 각각 민원이 들어왔다고 치면, 355번의 민원, 서류 처리, 담당자의 전화, 현장출동이 일어나는 셈이

경기도자원봉사센터와 150명의 대학생 자원봉사자들이 함께한 시각장애인 보행 환경 커뮤니티매핑 사이트.

다. 그러나 커뮤니티매핑을 활용하면 며칠 내에 수십 명의 자원봉사자들이 한꺼번에 빠른 속도로 데이터를 취합하게 된다. 그러면 355번의 과정을 단 몇 번으로 축약할 수 있다.

커뮤니티매핑은 정부의 문제 해결에 시간과 비용을 줄일 수 있을 뿐 아니라, 고장에 따른 행정 서비스 제공 문제에 대안을 제시할 수 있다. 이를 어떻게 활용하는지는 각 기관의 창의적인 상상력에 달려 있다. 요컨대, 같은 데이터를 가지고 어떻게 사용하는지에 따라 시민을 위한 행정의 역량이 달라진다.

다음의 시각장애인 커뮤니티매핑 참여 후기는 많은 시사점을 제시하고 있다.

"나는 내가 가지고 있는 것에 대해 불평만 하면서 삶을 살아왔다. 하지만 이번 기회를 통해 '나'를 돌아보니 정말 부끄러운 시간들이었다. 배리어프리로드 봉사 활동을 하면서 시각장애인으로 살아가는 것은 '긴장과 엄청난 스트레스의 연속'일 거라고 느꼈다. 내가 만약 시각장애인이라면, 신호등이 응답하지 않을 때 무서울 것 같다. 인간으로서 인간다운 최소한의 삶을 보장받아야 하지만 현실은 많이 뒤처져 있다는 것을 느끼는 시간이었다. 비록 늦게 깨달음을 얻었지만 앞으로 이 활동을 더 열심히 하고 널리 알려, 모든 사람들이 평등하고 살기 편한 세상을 만들어가는 데 조금이라도 이바지하고 싶다.

설치가 잘되어 있어 수월하겠지…… 하고 시작했으나 음향신호기가 설치되어 있지 않거나, 설치되어 있어도 작동하지 않는 것이 많아

너무 놀랐다. 점자블록이 잘못 설치되어 있고, 볼라드가 딱딱한 재질로 되어 있는 등 시각장애인들에게는 굉장히 위험해 보였다.

자원봉사를 통한 비대면 커뮤니티매핑은 자원봉사자들이 따로 모이지 않아도 다니면서 틈틈이 할 수 있어 시민들의 참여를 이끌어내기에 좋을 것 같다. 직접 보행 환경 모니터링을 해보니 생각보다 더 많은 곳의 장비들이 제대로 설치되어 있지 않아 안타까운 마음이 들었다.

아는 만큼 보인다고, 이제는 어디든 길을 걷게 되면 음향신호기나 점자블록, 볼라드가 잘 설치되어 있는지를 살펴보게 된다. 이런 작은 움직임들이 시각장애인분들의 보행 환경에 조금이나마 좋은 영향을 끼칠 수 있었으면 좋겠다. 개인의 작은 활동 하나가 지역사회에 공헌할 수 있다는 것이 큰 장점이라고 생각한다.

횡단보도나 대중교통을 이용하는 일이 일반인들에게는 아무렇지도 않은 일이지만, 시각장애인들에게는 집 밖에 나서는 일이 얼마나 위험하고 어려운 일인지 공감하고 인지하는 활동이었다."

3부

커뮤니티매핑,
좀 더 깊은 이야기

9
GIS의 기능
몇 가지

커뮤니티매핑은 인문학과 과학기술이 절묘하게 어우러져 작동해야 그 진가를 발휘한다. 커뮤니티매핑의 바탕을 이루는 것이 GIS(지리정보시스템)이다. 그리고 GIS가 공공적으로 이용되었을 때 기대할 수 있는 것이 효율, 효과, 형평성이다. GIS는 과학기술에서 빌려오는 요소다.

GIS는 지리정보를 쉽게 기록하고, 저장하고, 계산하고, 시각화하면서 또 공유하게 만드는 정보시스템이다. 초기에는 GIS를 이용하려면 비싼 하드웨어·소프트웨어, 데이터에 들어가는 비용, 정보와 기술을 다루는 전문가, 여러 지식이 필요했기에 소수의 사람만이 이용할 수 있었다. 1996년에는 시민참여형 GIS(PPGIS) 개념이 소개되었는데, GIS를 사용하지 못하는 작은 기관이나 개인에게 GIS를 이용하게 해 시민 참여를 유도하는 개념이다. 하지만 어렵고 비싸다 보니 기술과 비용의 장벽을 극복하지 못해 잘 활용되지 못했다.

내가 처음 화장실 지도를 만들 수 있었던 것은 2005년에 서비스를 시작한 구글 지도 덕분이었다. 이전에 구글 지도 같은 것은 비싼 돈을 주고 지리정보회사에서 구입해서 써야 했다. 이후 스마트폰이 등장하고 SNS가 보편화되면서 지도를 제공하는 웹사이트가 늘어났다. 지리정보가 비전문가에게 공개되는 것은 상당히 혁신적인 일이다. 지도는 그 자체로 정보가 되기 때문이다. 지금이야 휴대폰에서 아무 때나 각종 지도를 골라서 볼 수 있으니 잘 느끼지 못하겠지만, 불과 몇 년 전 한국의 지도를 공개할 수 없다며 포켓몬고 게임의 한국 내 론칭이 늦어졌던 것을 떠올려보면, 지도가 얼마나 막강한 위상을 갖고 있는지 짐작할 수 있다.

GPS는 GIS의 한 부분이다. 지금 지구 주변엔 미국 국방부가 쏘아 올린 스물네 개의 위성이 돌고 있다. 이 위성들이 삼각측량법으로 위치를 알려준다. 미국을 시작으로 러시아, 중국, 유럽도 위성을 띄웠다. 각국이 경쟁하는 것이다. 지금은 한국의 네이버, 카카오, 미국의 구글이 모두 무료로 지도 서비스를 제공하고 시민들이 이 지도에 데이터를 추천할 수 있다. 하지만 이전에는 모두 유료였다. 그만큼 비용이 많이 들고 대단한 기술이다. A 지점에서 B 지점까지 가는 경로를 만드는 데, 1990년대에는 내가 의료 부분에서 지리정보 컨설팅을 하면서 원화로 약 100만 원 정도를 받았다. 그때만 해도 데이터 구매와 시스템을 구축하는 데 10만 달러가 들어가는 엄청나게 비싼 기술이었다.

그러나 구글에서 무료로 지리정보 서비스를 개방하면서 모두가 지도 서비스를 쉽게 쓸 수 있게 되었다. 그러면 구글은 그 비싼 기술을 어떻게 무료로 개방하게 되었을까? 바로 우리가 구글에 접속할 때마다 수집되는 데이터로 다른 사업을 벌여나가기 때문이다. 우리는 알게 모르게 구글에 데이터를 내주고 그 비용으로 구글의 서비스를 무료로 받고 있는 것이다. 어떻게 보면 정당한 대가 같기도 하고 어떻게 보면 무지했다는 느낌이 들기도 한다. 이에 대한 윤리적인 문제는 이제부터라도 논의를 시작해야 한다. 어쨌든 이제 이런 지도의 사용은 무료다. 그리고 이 지도를 어떻게 활용할지는 우리가 얼마나 영리하게 대처하느냐에 달려 있다.

앞서 GIS를 PPGIS로 발전시킨 사례와 평범한 시민 누구나 참여할 수 있는 프로젝트를 소개했다. 이 장에서는 커뮤니티매핑의 좀 더 전문적이고 깊이 있는 활용에 대해 사례를 들어 이야기하고자 한다.

다음 지도는 부천시 송내고등학교 학생들과 진행한 홍대입구역 주변 지역 미세먼지 커뮤니티매핑이다. 이 커뮤니티매핑은 앞서 얘기한 장애인 접근성 커뮤니티매핑과 방법적으로 다르지 않다. 하지만 미세먼지는 정확한 수치 대입이 필요하므로 더욱 전문적인 교육이 필요하다.

우리가 기기를 이용하지 않는다면 미세먼지 측정을 어떻게 할 수 있을까? 미세먼지가 심한 날, 목이 붓고 머리가 아픈 사람도 있지만,

부천시 송내고등학교 학생들이 홍대입구역 근처에서 진행한 미세먼지 분포도 커뮤니티매핑.

별 반응이 없는 사람도 있다. 먼지 알레르기가 심하거나 호흡기 질환이 있는 사람은 아마 자신의 몸이 측정기가 될 것이다. 하지만 기기를 이용해 미세먼지 데이터를 더 정확하게 측정해 신뢰할 수 있는 데이터를 확보하고 이를 분석할 필요가 있다.

초등학생들과 학교 주변 안전 지도를 만들면 아이들이 체감하는 위험도와 아이들의 키에 맞춘 시선의 변화를 알아챌 수 있다. 과학적으로 증명된 위험과 키 140센티미터가 안 되는 아이들이 느끼는 위험도는 차이가 있다. 따라서 초등학생들과의 매핑 활동은 심상 지도의 측면이 포함된다. 어른들은 위험하다고 느끼지 않더라도, 체격이 작은 아이들은 더 거대하게 느끼기 때문이다. 우리가 어릴 때 다니던 학교를 다시 방문했을 때 '운동장이 이렇게 작았어?' 하고 느끼는 것과 같다. 초등학생 아이들과의 매핑은 사용 당사자로서 느낌이 중요하다. 고등학생 정도 되면 좀 더 정확한 데이터를 구분하고 판별할 수 있는 능력이 갖춰졌기 때문에 한 단계 높은 교육을 실시할 수 있다.

예민한 친구가 느끼기에 "오늘 미세먼지가 많은 거 같아요"라는 말은 정확한 매핑 도구가 될 수 없다. 정확한 데이터를 위해서는 미세먼지를 측정할 수 있는 도구가 필요하다. 이미 정부에서 만들어놓은 도구들이 있고 매일 발표되는 수치도 있지만, 미세먼지는 바람을 타고 계속 이동하기 때문에 사실 실시간으로 달라질 수 있다. 그래서 나는 내 생활과 밀접한 곳의 미세먼지를 측정할 수 있는 키트를 찾아내 학생들과 함께 조립했다. 미세먼지 센서 모니터링 키트는 초등 고학년부터라면 누구나 쉽게 만들 수 있는 DIY 키트다. 직접 기기를 조립하면서 과학적 원리를 배웠다. 그리고 이 키트의 작동 원리를 배우고 미세먼지의 특성을 배웠다. 미세먼지는 무엇으로 구성되어 있고, 어떤 것을 초미세먼지라 하며, 어떤 것을 일반 미세먼지라고 하는지 알아야 한다.

안타까운 일이지만 이제 과학적 상식은 우리의 건강을 좌지우지할 수 있는 척도가 되었다. 이런 지적 훈련은 시민생활과학의 영역이라 할 수 있다. 학창 시절에 배운 과학 상식이 지금 거의 생각나지 않는 걸 보면, 왜 그렇게 힘들게 과학을 배웠는지 모르겠다. 그렇지만 우리는 수많은 과학적 원리에 기반한 시스템에서 살아가고 있으며, 그 시스템으로 인한 부작용이 환경오염으로 이어져 우리의 생명을 위협하기에 이르렀다. 테크놀로지는 이제 우리 생활 곳곳에 침투해서 삶에 지대한 영향을 끼친다. 그렇기에 적어도 이를 알아챌 수 있는 정도의 지적 활동이 필요하다.

데이터 시각화 및 근접성 평가

미세먼지 커뮤니티매핑을 시작하려면 일단 키트를 만들고 그 키트를 설치할 장소를 파악해야 한다. 적당한 유격을 두고 측정이 잘될 수 있는 장소를 선정해야 한다. 이 장소 선정은 우리가 발로 걸어 다니면서 느끼는 친숙한 장소라기보다 정확한 데이터를 뽑아낼 수 있는 곳이어야 한다.

일단 지도를 펴놓고 내가 어디 있는지 파악하는 것부터 시작한다. 지도를 잘 보는 사람도 있지만, 이 역시 훈련이 필요하다. 동서남북의 위치를 파악하고, 지도의 축적을 파악하는 데 시간이 걸린다. 요즘 한국에서는 운전을 하거나 대중교통을 이용할 때 많은 사람들이 내비게이션 기능을 사용한다. 누구나 지도를 사용하고 읽을 줄 아는 시대가 되었다.

지도에는 수많은 정보가 올라와 있다. 한국에서 가장 많이 사용하는 지도라면 다음카카오에서 만든 카카오맵과 네이버 지도를 꼽을 수 있다. 어디 가서 뭘 먹을까, 맛집을 찾을 때도 요즘은 지도 앱을 사용하는 사람들이 많다. 한번 자기가 자주 사용하는 지도 앱을 열어보자. 도로 종류에 따라 색깔이 다르게 표현되어 있고, 공원과 아파트 단지, 주택 지역이 구분되어 있다. 상업시설의 경우 더러 가게 이름이 적혀 있다. 학교 이름도 적혀 있는데 위성에서 관찰한 대로 학교 건물과 주 출입구, 운동장이 구분되어 있다.

포털사이트의 무료 앱은 여러 층위의 레이어를 제공한다. 이 레이어는 행정동·법정동의 구분과 경계, 자전거, 교통정보, 사고나 공사, 지형도, 지적편집도를 나누어서 볼 수 있다. 최근에는 대기 설정이 추가되어 통합대기, 초미세먼지, 오존, 일산화탄소, 미세먼지, 황사, 이산화질소, 아황산가스를 선택해서 볼 수 있다. 지도 한 장 위에 수많은 투명필름을 얹은 것처럼 보인다. 기술의 발전으로 지도 위에 무수하게 많은 데이터가 계속 시각적으로 표시된다.

자, 이 지도에서 우리가 맛집을 찾아간다고 생각하고 검색을 시작해보자. 지도 앱에서는 내가 찾은 맛집까지 가는 경로를 검색할 수 있는데 대중교통으로 갔을 때, 자동차로 갔을 때, 자전거로 갔을 때, 걸어갔을 때의 각 경로와 시간을 알려준다. 포털사이트에서 제공하는 지도 앱은 정말 친절하게 엄청난 정보를 순식간에 보여준다. 이 경로가 바로 근접성을 말해준다.

보통 우리가 '거리'라고 할 때 '거리'는 무엇을 말할까? 내가 날아다니는 새라면 가장 빠른 경로, 즉 직선거리로 이동할 것이다. 하지만 사람은 직선거리로 이동할 수 없다. 도시에 사는 사람은 정해진 도로를 통해 접근하고, 농촌이나 산간 지역에 사는 사람은 자연지형을 피해서 접근한다. 실제로 측정하는 거리와 우리가 생활에서 사용하는 거리 개념이 다르다. 지도에서의 거리는 '내가 접근할 수 있는 경로를 사용한 거리'를 말한다.

지도는 일반적으로 근접성과 지리정보, 지도 위에 올라와 있는 정보, 나와의 연결로를 구체적으로 표시한다. 매핑 작업에서는 이 지도의 세부적 요소들이 기반이 되며, 사용자는 그중에서 필요한 요소를 선택해서 사용할 수 있다.

커뮤니티매핑에서 주된 범위는 공간이다. 공간에서는 시간에 따라 다양한 사건들이 일어난다. 이 사건들이 가지고 있는 속성들을 정보로 분류하고 정리해낼 수 있다. 이 정보를 한눈에 보기 좋게 만드는 것이 바로 데이터 시각화인데, 정보가 한눈에 보이면 직관적으로 상황을 파악하고 정보를 통합적으로 분석할 수 있는 감이 생긴다. 예를 들어 미세먼지를 보여주는 최근의 여러 앱을 살펴보면 지도 위에 미세먼지 농도에 따라 다른 색깔로 표현한다. 미세먼지가 심한 곳은 붉은색으로, 청량감이 느껴질 정도로 맑은 곳은 파란색으로 표시한다. 이 색상이 가지고 있는 속성은 사람들이 대체로 동의하는 '느낌'에 의존하는데, 보통 직관적으로 파악할 수 있는 색상을 사용한다. 붉은색은 따뜻한 느낌이면서 위험하다는 신호이고, 파란색은 차가운 느낌이나 깨끗함을 표현할 때 많이 사용한다.

코로나19 바이러스 감염에 관한 여러 지도를 살펴보자. 확진자 발생이 많은 곳은 커다랗게 붉은 원이 만들어지고 적은 곳은 원이 작아지는 형태의 지도가 가장 많다. 이런 지도는 특정 지역에 대한 선입견을 만들기 때문에 좋지 않다는 평가도 있지만, 한눈에 알아볼 수 있게 만드는 기능에는 충실하다.

매핑에서의 근접성은 나와의 거리를 말한다. 세상의 중심은 언제나 '나'일 수밖에 없다. 사람들은 대부분 자기중심으로 생각하고 자기 경험에 의해 세상을 판단한다. 지도에서의 거리도 마찬가지다. 어떤 장소가 중요한지, 가치가 있는지는 나의 삶과 직결된다. 객관적 데이터를 만든다 하더라도 사람들은 결국 자기중심으로 판단하게 된다. 커뮤니티매핑은 사람들이 자기중심적으로 생각한다는 것을 전제로 한다. 나와의 거리, 내가 갈 수 있는 거리를 말한다. 즉, 사용자 중심의 접근이 중요하다. 지도를 사용하는 사람들이 자기중심으로 판단하고 접근할 수 있게 만드는 것이 커뮤니티매핑의 속성이다.

오버레이

우리가 사용하는 다양한 지도 앱은 여러 정보를 가지고 있지만 그때그때 내가 필요한 정보만 꺼내서 지도 위에 올려놓을 수 있다. 커다란 지도 위에 여러 겹의 투명시트를 놓고 각 시트마다 각기 다른 정보를 입력해서 필요한 정보를 본다고 생각하면 된다. 한 장의 투명지에는 맛집만 표시하고, 다른 한 장의 투명지에는 자전거도로만 표시할 수 있다. 이것을 다른 층위 즉 '레이어'라고 하는데, 이 레이어를 여럿 겹치면 복잡하고 다양한 정보를 갖고 있는 지도가 되며 필요 없는 정보를 넣었다가 뺄 수도 있다. 커뮤니티매핑은 조사를 기초로 한다. 조사할 때는 주제에 맞게 어떤 항목을 조사할지 결정해야 한다.

미세먼지 매핑의 경우, 앞서 카카오맵의 예를 들었듯이 통합대기, 초미세먼지, 오존, 일산화탄소, 미세먼지, 황사, 이산화질소, 아황산가스의 항목을 만들고 각 항목마다 수치를 측정해서 적어 넣는다. 정보를 입력할 때는 모든 것을 조사해 넣지만, 지도에서 정보를 빼갈 때는 필요한 항목만 분류해서 볼 수 있다. 인터랙티브맵에서는 체크박스를 사용해 필요한 레이어를 올려놓는다. 그리고 모든 지도는 기초 정보를 담고 있다. 이미 만들어진 도로, 녹지, 주거지역 등이 표시되어 있기 때문에 이 정보 위에 계속해서 추가로 정보를 올려놓을 수 있다.

커뮤니티매핑은 한번 만들어서 고정되는 지도가 아니라 수시로 새로고침이 가능하기 때문에 계속해서 추가 정보를 입력할 수 있다. 겹치기를 반복하는 것이다. 기본 정보 위에 사용자가 필요한 정보를 실시간으로 추가 입력한다는 것은 종이 지도와 비교했을 때 큰 강점이라 할 수 있다.

오버레이는 의료보건 분야의 커뮤니티매핑에서 더 선명하게 확인할 수 있다. 내가 학교에서 연구하고 있는 디지털헬스케어는 의료와 헬스케어 분야에 IT기술을 접목해 더 쉽고 빠르게 개인의 건강 상태를 확인하고 질병을 미연에 예방하는 효과를 거두는 것이 목적이다. 디지털헬스케어에서는 시간, 공간, 변수, 연결, 지능의 다섯 가지 요소가 핵심이다.

❶ 정보처리의 핵심이 된 '시간' : 환자 몸의 생체 신호, 의료 데이터 등을 수집하고 정보를 처리하기 위해서는 실시간 정보 전달이 핵심이다. 기술을 접목시키면 몸의 생체 신호, 의료 데이터 등을 수집하고 정보를 처리하는 게 실시간으로 가능하다. 환자가 직접 상황에 대처할 수 있도록 도울 수도 있다. 환자 몸에 부착한 웨어러블 디바이스를 통해 환자의 스트레스에 대응해서 환자가 머무는 공간의 빛의 세기나 색깔, 음량을 조절할 수 있다. 스마트시계를 통해 개인의 심박수를 측정하는 것이 대표적인 예라고 할 수 있다. 실시간 정보 외에 아주 자세한 시간 정보 데이터도 가능하다. 예를 들면 1년에 한 번 나오던 데이터가 이제는 하루에 한 번, 몇 초 단위로 측정되고 데이터로 저장된다.

❷ 거리의 제약에서 벗어난 '공간' : 원거리 진료와 다수의 의료 전문가의 공유로 공간적인 제약에 구애받지 않는 비대면 진료가 가능해졌다. 특히 코로나19 바이러스로 비대면 소통이 호응을 받으면서 관심이 더 많아졌다. 원격의료는 만성질환자들이라 하더라도 쉽게 실행하기 어려운 한계가 있다. 대신 이 공간 개념은 의료정보를 원거리에서 공유할 수 있고, 많은 의료 전문가들이 환자의 데이터를 동시에 공유해 전문적인 의학 소견을 나누는 데 큰 의미가 있다. 이론적으로는 의료 서비스가 미치지 못하는

지역에서도 전문의의 진료나 처방이 가능할 수 있다. 의료기기는 점점 작아지고 이동성이 높아져 환자가 먼 거리를 내원하지 않고 교육을 통해 자가측정을 하거나 의료진이 환자를 진단할 수 있다.

❸ 데이터로 대변된 '변수' : 변수는 환자 몸 상태에 따른 진단과 관련한 데이터를 말한다. 이전에는 환자 의료 데이터가 의사 사무실, 병원, 임상병리, 보험과 관련해서만 측정되고 관리되었다. 하지만 이제 환자 중심의 다양한 생체 데이터 수집이 가능하다. 균형, 속도, 온도, 기압, 통증, 스트레스, 적외선, 전자파를 말한다. 그리고 몸에 부착하거나 착용한 센서를 통해 몸 상태를 진단하고 예측할 수 있다. 또 환자 상태에 영향을 미치는 변수를 파악할 수도 있는데 심전도, 혈당, 스트레스 수치를 측정하는 웨어러블 센서가 개발되어 활용 중이다.

❹ 데이터와 데이터의 '연결' : 초연결 시대에는 데이터와 데이터 간의 연결로 더 복잡한 변수를 확인하고 이 데이터를 분석해서 결과를 예측할 수 있다. 환자 의료 데이터, 환자에게서 지속적으로 측정되는 생체지수, 외부 환경에서 오는 데이터(온도, 공기 오염, 스트레스, 수질 등)가 서로 연결되어 복합적인 정보를 바탕으로 재해석할 수 있다. 이런 데이터를 축적하면 환자를 더욱 잘 이해할 수 있고, 환자 중심의 진단이 가능해진다. 그에 따른 예측과 예방도 가능하다. 특히 GIS를 이용하면 위치를 기반으로 많은 데

이터의 연결이 가능하다. 예를 들면 환자 위치에 따른 공기 오염, 수질 오염, 토지 이용 등의 데이터가 오버레이될 수 있다. 또한 병원이나 응급실 등 의료시설에 얼마나 가까이 있는지에 관한 정보도 개인에게 추가할 수 있다.

❺ 방대한 초연결 데이터를 처리하는 '지능' : 의료와 환자 중심의 환경 데이터는 상상할 수 없을 만큼 방대하다. 이런 데이터를 사람이 정리하고 이해하는 데는 시간이 걸리고 오차가 발생할 확률도 높다. 인공지능은 다양한 종류의 초연결 데이터를 사람들이 이해할 수 있도록 처리해줄 뿐만 아니라 오차 확률도 줄여준다. 예를 들어, 다양한 혈당 측정 기기들은 환자의 진단 정보와 추가로 측정되는 정보를 바탕으로 채혈하지 않고도 혈당 수치를 예측할 수 있다. 인공지능을 잘 활용하면 기술의 발전은 더 빨라질 수 있다.

위와 같은 기준으로 데이터를 수집하면 빅데이터가 만들어진다. 빅데이터는 질병과 의료 서비스를 이해하고, 더 좋은 솔루션을 찾는 데 중요한 자산이 된다. 미국에서는 각 기관에서 사용하지 않고 방치해 둔 의료 데이터를 찾아서 연결하고 정보화하고 있다. 구글에서는 '프로젝트 나이팅게일'을 이용해 미국 21개 주의 의료정보를 수집하고 있다. 아마존, 애플, 마이크로소프트도 의료 분야의 데이터를 수집해서 새로운 비즈니스모델을 개발하고 있다. 빅데이터와 데이터의 연결은 그때그때 필요한 데이터를 꺼내서 볼 수 있는 여러 층위를 구성한다. 바로 이것이 오버레이가 되어 아카이브처럼 활용 가능해진다. 환자에게 더 나은 삶의 질을 제공하기 위해 예측과 예방을 위한 의료 서비스가 필요한데, 보건, 환경, 보험, 스트레스 등의 여러 사회적 요건과 복지 정책도 연결해 사용할 수 있다.

연결성

연결성은 도시에 설치된 도로망이나 상하수도관 등을 말한다. 지도는 점, 선, 면으로 이루어져 있는데, 선을 통해 도시와 도시가 연결되고, 사람과 공간이 연결된다. 지도 위에 구축된 공간은 대부분 이 연결망을 통해 이어진다. 커뮤니티매핑에서 이동경로는 이동 가능한 도로와 여러 망을 중심으로 한다. 데이터와 통신은 통신망을 통해 이동하고, 도시의 보건이나 환경 체제는 상하수도관을 통해 이동한다. 예를 들어 최근 인천에서 나타났던 붉은 수돗물 현상은, 커뮤니티매핑을 활용해 붉은 수돗물이 나온 집들의 점을 찍어보면 어느 쪽 상수도에서 문제가 발생했는지 역추적이 가능하다.

연결성은 데이터가 시각화되었을 때 더 또렷하게 볼 수 있다. 데이터 시각화는 GIS의 주요 활용 방법 중 하나다. 커뮤니티매핑의 기본 요소가 되는 여러 범례 기준이 어디에 퍼져 있는지 쉽게 확인할 수 있다. 또한 인종과 민족별 인구 분포와 대조가 가능하다. 미국에서는 인종과 민족 차별이 분명히 존재하기 때문에 각 데이터에 인종이나 민

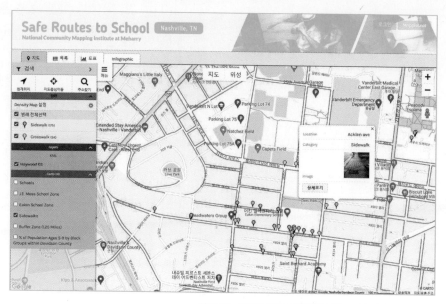

위 지도는 내슈빌 지역의 안전한 통학로 커뮤니티매핑 지도다.
지역에서 자전거도로와 보행자도로의 연결성을 확인할 수 있다.
시민들이 사용할 보도와 연결성을 한눈에 보고 평가할 수 있는 것이 이 지도의 강점이다.

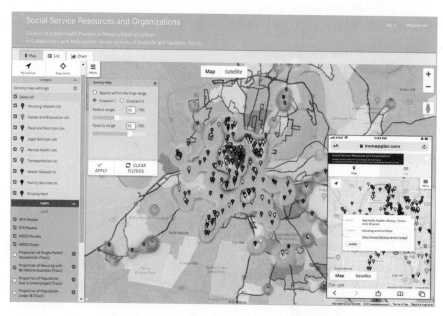

위 지도는 미국 테네시주 내슈빌이다.
코로나 팬데믹 동안 생성된 내슈빌의 사회 서비스 위치다. 이 지도는 사람들에게 필요한
사회 서비스를 제공하기 위해 만들었는데, 사회복지부 직원이나 서비스단체, 기관의 종사자가
실시간으로 업데이트할 수 있는 권한을 설정했다.

족 분포도를 면밀하게 살펴 차별이 심화되지 않는지 관찰할 필요가 있다. 한국도 이주민이 늘어나고 있으므로 인종 차별 문제를 세심하게 다뤄야 한다. 인종 문제는 지도 위에 직업, 수입, 질병과 같은 비물질적인 데이터를 올렸을 때 성향과 제도의 차이점을 구분할 수 있다.

접근성에 대한 고민이 연결성을 알려주기도 한다. 거리를 측정하는 데 어떤 것들이 유용하게 쓰이는지는 각 도시의 기능에 따라 다르다. 그러므로 이미 도시 안에 형성된 연결성들이 사회 내에서 어떻게 작용하는지 알 수 있다. 예를 들어 사용자는 의료 제공자에 대한 접근성을 지도 위에서 살펴볼 수 있다. 물론 접근성은 사용자의 주관에 따라 다르다. 나와 의료 서비스 제공자가 어디에 있는지, 내가 어떻게 접근할 수 있는지를 접근성을 통해 알 수 있다.

변경 감지 모니터링

커뮤니티는 살아 움직이는 생명체에 의해 작동하기 때문에 수시로 변수가 발생한다. 생명체 외에도 대기의 흐름, 날씨와 기후의 변화도 영향을 끼친다. 바람에 따른 공기질 변화, 한국같이 사계절이 있는 나라에서 식물이 자라는 식물의 단계, 특정한 사고에 의한 수질 변화 등 모두 변수가 된다. 이 변수를 감지하고 관찰하는 것을 변경 감지 모니터링이라고 한다.

이 변수들은 실생활에서도 쉽게 이해할 수 있는 인과관계가 있다. 중국발 미세먼지와 한국에서 만들어지는 미세먼지 때문이기도 하지만, 기압의 영향으로 공기가 잘 흐르지 않고 한곳에 정체되어 있으면 그곳의 미세먼지 수치는 올라간다. 바람이 많이 불면 사람들은 '먼지가 이동하겠구나' 짐작하고, 비가 오면 '먼지가 씻겨 가겠네'라고 생각한다. 이는 오랫동안 생활하면서 깨달은 인과관계다. 커뮤니티매핑은 이런 인과관계를 시간대별로 감지하고 관찰해서 설명할 수 있다. 데이터를 계속해서 시간대별로 수집하는 것이 커뮤니티매핑의 본질이다.

다음 지도는 뉴멕시코 유역의 수질 오염 모니터링이다. 토지가 이용되는 내역과 수질 모니터링의 데이터를 보여준다. 이 프로젝트는 수질오염관리국에서 관리하고 사용한다. 수질에 대한 모니터링 데이터의 변화가 뉴멕시코의 토지 이용이나 외부노출도와 어떤 관계가 있는지 확인할 수 있다. 이런 데이터는 실시간으로 변화를 감지하며 바람과 계절에 따라 어떤 변화가 있는지 시간에 따라 추적 가능하다.

알래스카의 코도바라는 작은 마을은 1989년 인류 최악의 환경재앙으로 일컬어지는 엑손 밸디즈의 원유 유출 사건이 있었던 곳이다. 약 2,300여 명의 주민이 살고 있다. 비행기나 배로만 접근할 수 있다. 생선이 많이 잡히는데 특히 치누크연어가 많다. 생선가공회사에 취업한 이주민들이 있다.

연어는 알래스카의 삶을 책임지는 경제자원이다. 하지만 아무리 바다에서 번식을 잘하는 연어라 하더라도, 어린 연어까지 잡아들이면 자원은 언젠가 바닥날 것이다. 장기적 경제 문제 때문만이 아니라

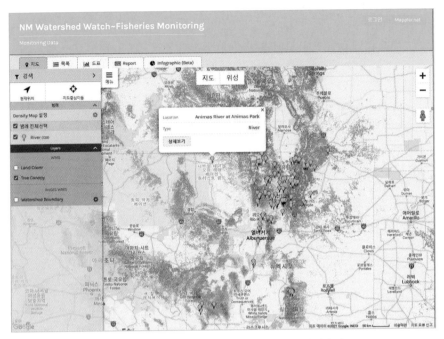

미국 뉴멕시코주에서 리버소스라는 수자원보호단체와 함께한 수질 모니터링 온라인 지도.

윤리적으로 어린 연어는 잡지 말아야 한다. 연어를 잡으면서도 자원이 고갈되지 않으려면 어느 정도 선까지 포획이 가능한지 알고 연어의 개체수를 조절해야 한다.

에야크 원주민 마을(The native Village of Eyak)에서는 정부기관에서 일하는 과학자들과 함께 강에 초음파탐지기를 심어놓고 강 위로 알을 낳으러 올라가는 연어의 개체수를 측정한다. 그리고 연어 몇 마리를 잡아서 지느러미에 태그를 달아 어떤 강의 지류로 올라가는지 알아본다. 이 정보를 바탕으로 연어잡이를 허용하는 일정을 정한다. 치누크

연어를 보호하기 위해 연방정부가 사용하는 비용은 2011년 기준으로 2,400억 원에 이른다. 강을 거슬러 올라가는 연어는 잡지 않고 바다로 돌아온 연어만 잡도록 허락한다. 인류와의 공생을 위해서다.

코퍼강에서는 연어블리츠 프로젝트를 진행한다. 2013년에 시민참여과학프로젝트로 시작했는데, 모든 물줄기에 있는 물고기들의 샘플을 만든다. 한국에서 진행하는 바이오블리츠와 비슷하다. 참여자들은 지역 토속 물고기 종류와 서식지에 관해 배울 수 있고 어류 관리에 도움이 되는 데이터를 모을 수 있다.

코퍼강은 미국에서 열 번째로 큰 강이다. 알래스카만에 가장 많은 양의 민물이 맞닿아 영양분이 풍부하다. 코퍼강은 산과 빙하에서 나오는 침전물이 유입되는데 하루 100만 메트릭톤에 이른다. 이 침전물은 흙탕물처럼 보이기도 한다. 여기엔 진흙과 다수의 철분을 비롯한 영양분이 섞여 있다. 이 영양분이 플랑크톤의 먹이가 된다. 이 흐름을 이해하면 지역의 수자원 생태계를 이해할 수 있다.

바다에 떠다니며 정보를 수집하는 플라스틱 풍선 '뷰이'를 이용하면, 바다의 온도와 조류의 속도 및 방향을 잴 수 있다. 영양이 풍부한 민물이 어디까지 흘러가는지도 확인할 수 있다. 이런 정보를 매플러를 이용해 지도 위에 올리면 쉽게 생태계의 흐름을 이해할 수 있다. 인간의 눈으로 바로바로 확인할 수 없지만 과학기술과 다양한 장치를 이용해 취합하고 수집한 정보를 지도 위에 올려 시각화하고, 어떤 흐름으로 움직이는지 알아볼 수 있게 만드는 것이 바로 변경 감지 모니터링이라고 할 수 있다.

공간모델링

공간모델링은 커뮤니티매핑에서 다양한 데이터로 복잡한 공간을 측정할 때 사용한다. 위에 언급한 네 가지 요소들이 공간모델링으로 모인다고 볼 수 있다. 특정한 주제에 대해서 시간과 공간을 동시에 측정한 데이터를 기반으로 분석하는 것이 공간모델링이다.

물론 공간모델링은 더 많은 분야에서 다양하게 쓰이고 있다. 모든 지점은 위치정보를 가지고 있는데, 1990년대까지만 해도 일반 시민들은 위치정보 접근이 쉽지 않았다. 몇 개의 기업체만이 위치 데이터를 측정할 수 있는 기술을 가지고 있었고, 시민들은 위치정보를 이용하려면 그에 대한 비용을 지불해야 했다. 그러나 2005년 구글이 지도 서비스를 제공하면서 인터넷만 가능하다면 모두 쉽게 접근할 수 있게 되었다. 위치정보가 기본적으로 제공되기 때문에 시간에 따라 특정 주제에 맞는 측정치를 기록해서 공간 전체를 파악할 수 있다.

산불을 주제로 커뮤니티매핑을 할 때 공간모델링이 중요하다. 생각보다 적지 않은 소방관이 산불 진화 작업 중에 사망한다. 산불이 어떻게 번져나갈지, 진화 가능한지 예측하기 어렵기 때문이다. 이때 바람, 경사면, 지표면의 토질, 주변의 식생, 숲이 얼마나 울창한지, 건조한 정도까지 자세한 공간 데이터가 있어서 공간모델링을 신속하게 진행할 수 있다면 산불이 어떻게 번질지 예측 가능하다. 각계의 전문가들이 자기 분야에 관련된 것을 지도 위에 올리고 여러 레이어를 겹쳐두면 산불의 경로를 예측할 수 있다. 이 경로 예측은 소중한 목숨을 구하는 구조 수단이 될 수 있다.

10

시민 참여 사례

커뮤니티매핑의 성패는 시민들의 참여로 만들어진 데이터를 어떻게 활용하느냐에 달려 있다. 아무리 많은 사람이 참여하더라도 매핑으로 얻은 데이터를 활용하지 못한다면, 모여서 위치를 파악한 한 번의 이벤트에 불과하다.

　커뮤니티매핑은 여러 명의 참여자가 없으면 실행이 불가능하다. 이 참여자를 꼭 일반 시민으로 제한하는 건 아니다. 전문가가 참여할 수도 있고, 일반 시민이 훈련을 받아 숙련된 맵 관리자가 될 수도 있다. 참여의 핵심은 역량 강화다.

　일반 시민은 교육을 통해 주제에 관련된 지식을 습득한다. 그리고 여러 명이 함께하는 것이 커뮤니티매핑이니만큼, 함께 역량을 끌어 올려 협력할 수 있는 방법을 협의해나간다. 일반 시민들이 다수의 커뮤니티매핑에서 활동하면 자연스럽게 커뮤니티매핑을 실행하는 힘이 커진다. 자원봉사로 참여한 일반 시민들은 형식상 '시민'이라 부르지만, 각자의 영역과 직업에서 발군의 실력을 발휘하는 사람들이다. 따라서 그들이 가지고 있는 고유 영역에서의 능력과 자기 전문 분야의 강점이 커뮤니티매핑에서 발휘된다.

예를 들어 장애인 접근성 커뮤니티매핑을 한다면, 비장애인보다는 장애인이 더 전문성을 갖는다. 시각장애인 안전 보행에 대한 커뮤니티매핑을 한다면, 시각장애인이 그렇지 않은 사람보다 더 전문가다. 신호등이 잘 작동하는지 보는 안전 매핑이라면 신호등 회사에서 근무해본 사람이 더 전문가다. 어린이 보행 안전에 관해서는 어린이가 어른보다 더 전문가다. 전문 영역이라는 것은 주제에 따라 상대적이다. 사회에서 '전문가'로 인정받는다고 해서 커뮤니티매핑에서 전문가인 것은 아니다.

때로 난이도가 높은 과학기술을 주제로 하거나, 정확한 측정 또는 참여자의 배경지식이 필요한 경우가 있다. 전문가 여러 명이 모여 커뮤니티매핑을 진행할 수 있는데, 이때에도 사회에서 전문가라고 해서 커뮤니티매핑 구성원으로서 도드라진 전문성을 인정받기는 어렵다. 비슷한 실행 능력이지만 각자 가지고 있는 지식과 전문성의 층위는 매우 다채롭고 복잡하다. 각자의 개성을 인정해야 더 원활한 매핑 활동이 이루어진다는 것도 커뮤니티매핑의 특성이다.

이렇게 참여한 사람들은 자기가 가지고 있는 능력을 매핑 활동에서 발휘한다. 행동이 빠른 사람, 꼼꼼한 사람, 신중한 사람, 각각의 특성이 매핑 활동에서 모두 드러난다. 조직적으로 여러 명이 함께 움직이다 보면 그중 특정한 활동에 실력을 발휘하는 사람에게 일을 맡기기 마련이다.

다음은 초등학생 및 그 보호자들과 함께 지하철 플랫폼과 열차 사이의 간격을 재는 장애인 접근성 커뮤니티매핑을 했을 때 수행 지침이다.

- 지하철 계단을 내려가서 : 걸음이 정확하고 빠른 사람이 먼저 내려갈 수 있다.
- 지하철이 언제 들어오는지 전광판을 살핀다 : 노안의 학자보다 어린이가 더 빨리 읽을 수도 있다.
- 지하철이 들어오면 : 신중하고 안전을 중요시하는 사람이 어린이들을 잘 지켜볼 수 있고, 체격 조건이 좋고 행동이 빠른 사람이 동료들의 안전을 지킬 수 있다.
- 지하철 문이 열리면 빠르게 30센티미터 자를 발판에 갖다 대야 하는데 : 눈이 좋은 사람이 눈금을 정확히 읽고, 공간 감각이 뛰어난 사람이 대략의 측정치를 미리 예측하며, 행동이 빠른 사람이 자를 갖다 대고, 침착한 사람이 그 숫자를 기억하고, 꼼꼼한 사람이 이를 기록한다.
- 숫자를 기록하면 : 전체적인 내용을 빨리 파악하는 사람이 이전의 매핑 내용과 비교해서 결과를 도출한다.

• **활동이 끝나면** : 상냥하고 따뜻한 마음을 가진 사람이 동료들을 칭찬하고 격려한다.

참여자들은 이 모든 활동을 통해서 각자의 능력을 발휘한다. 커뮤니티매핑에서 말하는 역량 강화는 바로 이런 것이다. 남들보다 셈을 잘하고, 성적을 잘 받고, 사회에서 인정받는 사람으로 변화하는 게 아니라, 그 개인이 가진 개성으로 현장에서 자기가 할 수 있는 최대치의 능력을 보여주는 것이다. 본인은 평소에 능력이라고 생각하지도 않은 개성이 매핑 현장에서는 칭찬받아 마땅한 능력이 된다. 커뮤니티매핑의 이런 힘이 소외받던 아이들이 "살맛 난다"라고 말했던, 아임소시오를 만들어냈다. 요컨대 커뮤니티매핑은 참여 자체로 교육이 일어나고 교육을 통해 개인의 역량 강화가 일어난다고 볼 수 있다.

커뮤니티매핑의 참여는 다음과 같은 척도로 정리할 수 있다.

• 커뮤니티매핑 프로젝트의 목적은 무엇입니까?
• 어떤 커뮤니티 구성원과 이해관계자가 이 과정에 참여합니까?
• 커뮤니티매핑을 통해 커뮤니티에 어떤 이점이 있습니까?
• 어떤 방법과 기술이 사용됩니까?
• 사용 가능한 기존 데이터는 무엇이고 데이터의 한계는 무엇입니까?
• 어떤 종류의 데이터를 업데이트하고 수집해야 합니까?

- 커뮤니티 회원을 어떻게 참여시키시겠습니까?
- 데이터를 어떻게 분석하고 시각화하시겠습니까?
- 데이터가 수집되면 어떤 조치를 취할 계획입니까?
- 프로세스를 어떻게 평가하시겠습니까?
- 커뮤니티 피드백을 어떻게 수집하고 개선하시겠습니까?

커뮤니티매핑은 말 그대로 지역 커뮤니티에서 일상생활을 영위하는 구성원들이 참여하는 것이 가장 이상적이다. 내가 사는 지역을 다시 새롭게 볼 수 있고, 지역의 문제를 해결할 수 있는 가능성이 높아지기 때문이다. 프로젝트에 따라 다르지만 지역 문제 해결이 목표가 되는 리빙랩의 경우 커뮤니티 구성원들의 참여가 더 절실하다.

지금부터 한국커뮤니티매핑센터가 수행했던 프로젝트를 자세히 살펴보고자 한다.

서울시 숭덕초등학교의 '안전한 등하굣길' 매핑 프로젝트

숭덕초등학교 커뮤니티매핑은 참여와 역량 강화가 도드라진 사례다. 2012년 서울시청 자전거보행과에서 어린이 보행 환경을 개선하겠다는 계획을 세웠다. 나는 서울시청과 성북구청의 도움을 받아 숭덕초등학교 학생들과 커뮤니티매핑 프로젝트를 준비했다.

이 커뮤니티매핑에서는 '안전한 등하굣길 만들기'가 주목적이었다. 안전한 통학길 보장은 어린이들에게는 매우 당연한 권리이고 어른들에게는 사회적 책무이지만, 현실은 그렇지 못하다. 아이들에게 "너희가 조심해야지"라는 말을 내뱉는 것 자체가 불합리하다. 그렇다면 어린이들에게 스스로 자기들이 매일 다니는 길을 다시 보게 하고, 무엇이 문제인지 파악하게 만드는 과정이 필요하다. 커뮤니티매핑은 스스로 깨닫는 교육을 지향한다. 아이들이 안전 교육을 받으며 스스로 주의할 수 있는 부분과 어린이들이 아무리 애써도 고칠 수 없는 부분을 깨닫도록 이끌어준다. 불편하다고 얘기하는 것에 그치지 않고 왜 이런 불편함이 생겼는지 찾아내도록 돕는다.

아이들은 불편하다고 말한 것이 구청이나 시청에 전달되는 과정을 신기해하면서 자기가 대단한 사람이 되었다고 느낀다. 이 순간에 어린이들이 정책 제안자로 변신한다. 내가 사는 곳의 문제점을 파악하고 어른들과 공유하면서 자연스럽게 사회에 참여하는 것이다. 물론 이 내용을 문서로 정리하고 데이터의 정확도를 높이는 것은 조력자들이 할 일이다. 프로젝트에 학부모와 지역 시민, 교사가 함께하면 더욱 좋다. 어린이들은 평소에 수시로 자기 이야기가 무시당한다고 느낀다. 어른들이 귀 기울여 들어줄 때 어린이들의 능동적 참여도는 놀랍게 폭발한다.

초등학교에서 커뮤니티매핑을 할 때는 기초 교육을 강의 형식으로 진행하고, 그다음에는 보호자들과 자원봉사자들이 함께 현장을 조사한다. 예를 들어 장애인 접근성에 필요한 변수가 무엇인지 살펴보고, 모둠을 나눠 밖으로 나간다. 커뮤니티매핑센터에서는 그동안 축적한 데이터를 기반으로 어떤 것들이 장애인 보행권에 문제가 되는지 참여자들과 공유한다.

학교 주변 통학로 안전 매핑에서는 다음과 같은 변수들이 작용한다. 어린이들이 학교 끝나고 갈 만한 학원, 공부방, 도서관, 그리고 어린이들이 학교 다니기 전에 다녔던 어린이집과 유치원, 놀이터와 PC방, 어린이들이 갈 만한 공터나 공원, 학교 주변을 둘러싼 문구점, 편의점, 분식점이 있다. 자기들이 쉽게 드나드는 장소에서 일단 장애인들이 쉽게 드나들 수 있는지 확인한다. 실제로 휠체어나 유모차를 끌고 가서 활동하면 더 쉽게 이해할 수 있다. 바퀴가 넘어갈 수 있는 턱은 사실 별로 없다. 다른 사람들은 한 발만 떼면 되는 일이 바퀴에게는 커다란 장벽이 된다. 어린이들이 오르기 힘든 계단도 있다. 지나치게 높거나 좁아도 위험하다. 어린이들이 학교를 오가며 만나는 유해시설에는 학교 주변의 유흥업소나 불건전한 곳도 있지만, 보행자도로를 막고 있는 쓰레기더미나 방치되어 있는 커다란 폐기물, 불법적인 행동을 유도하는 포스터나 스티커도 해당된다.

한국에서는 아이들이 대부분 걸어서 학교에 가기 때문에 큰길을 건너서 가야 하면 부모들이 걱정할 수밖에 없다. 2020년에서야 학교 인근의 자동차 주행속도를 30km/h로 조정했지만 이 커뮤니티매핑을 했던 2012년에는 그렇지 않았다. 학교 앞에서 아이들이 교통사고를 당하고 심지어 죽는 일이 수없이 많았다. 어린이들이 오가는 곳에 커다란 트럭이 서 있으면 운전자는 어린이를 쉽게 발견하지 못한다.

불법주정차, 자동차 과속, 신호등이 없거나 고장 났을 때, 인도와 차도에 경계물이 없는 경우 모두 위험하다.

우리는 구역을 나누어 모둠 활동을 했고 어린이들이 직접 휴대폰에 지점을 입력하고 사진을 찍어 올렸다. 이 커뮤니티매핑 워크숍에서 우리는 230개의 데이터를 수집했다. 가장 많은 위험요소는 유해시설이었다. PC방, 성인용품점, 술집, 음란한 내용이 적힌 성인나이트클럽 포스터 등을 발견했다. 참여자들은 도로에 놓은 화분과 우산, 건축자재, 전봇대에 튀어나온 못, 도로에 노출되어 있는 LPG 가스통을 위험요소로 꼽았다.

아이들은 직접 참여하는 것을 즐거워했다. 내가 무엇인가를 한다

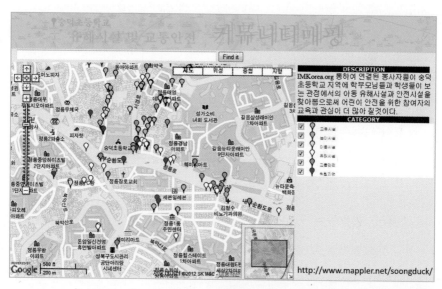

서울시 성북구 숭덕초등학교에서 초등학생과 부모님들, 그리고 자원봉사자들이 함께한 유해시설 및 교통안전 커뮤니티매핑.

는 능동적 참여를 통해 사회 참여의 즐거움을 느꼈다. 학부모 중에는 휴대폰으로 집단지성을 모아 데이터를 도출하는 과정이 신기하다고 했다. 휴대폰은 게임이나 오락용으로만 사용할 수 있는 기계라고 생각했던 편견을 버리게 되었다는 고백도 있었다. 교사와 자원봉사자들은 작은 참여로 큰 변화를 이끌었다는 점, 간단한 작업으로 짧은 시간에 결과가 나온다는 사실을 놀라워했다.

지방정부의 관계자가 커뮤니티매핑에 참여하면, 어른의 시선으로 도무지 찾기 어려운 위험요소들을 단번에 파악할 수 있다. 담당공무원이 일일이 거리를 다니며 파악해야 하는 지루한 작업도 건너뛸 수 있고 모두가 즐겁게 활동할 수 있다.

도시 생활에서 발생하는 민원사항을 상습적으로 고발하는 민원인들이 많다. 이들은 담당공무원에게 "당장 고쳐내라"며 항의한다. 그러나 어느 한 민원을 해결하면 바로 다른 민원이 발생하기 마련이다. 이런 일은 많은 것이 서로 얽혀 있는 도시 생활에서 흔히 발생한다. 전체적인 그림과 구조를 파악하지 못하면 그때마다 미봉책에 매달릴 수밖에 없다. 일하는 사람은 피곤하고 괴롭다. 불편함을 느끼는 시민도 마찬가지다. 도시의 불편함을 개선할 때 시민들이 참여하면 서로 괴로운 일을 줄여나갈 수 있다.

예를 들어 도로에 정차되어 있는 불법주정차 차량은 골칫거리다. 하지만 거리에 나가 불법주정차 차량을 살펴보면 어쩔 수 없는 경우가 꽤 많다. 가게에 물건을 내려놔야 하는데 건물 주차장에 트럭이 들어갈 수 없다거나, 아예 접근할 수 있는 도로가 없는 경우, 택배 노동자가 신속히 배달하기 위해 잠시 길에 차를 세울 수밖에 없는 경우를 보게 된다. 거리에 나가 커뮤니티매핑을 하다 보면 도로에 서 있는 차 주변으로 바쁘게 움직이는 노동자가 보인다. 사람들은 불법주정차 차량에 불만을 토하면서도, 막상 자기가 주문한 물건이 늦게 도착하거나 먼 곳에 내려진 배달 물건을 직접 가져가라고 하면 화를 낼 것이다. 누구의 잘못이라고 딱 꼬집어 얘기하기 어려운 부분이다.

이럴 때 커뮤니티매핑 활동을 통해 모두가 불편한 이 문제를 어떻게 해결할 수 있을지 현장을 살펴보며 상대방의 입장을 이해하게 된다. 그리고 더 나은 방향을 제시한다. 한 사람이 거리에서 느꼈던 불편함을 다른 사람과 함께 바라보면 새로운 시각을 가질 수 있다.

"저렇게 불법정차되어 있는 차들 때문에 사고 나는 거야. 단속 좀 하지."

"내 친구가 식당을 하는데 식재료 물품 내릴 때는 어쩔 수 없다더라고. 가게 앞에 차 댈 데가 없으니 길에 차를 세울 수밖에. 식재료 가져다주는 사장님이 단속당해서 과태료를 문 적도 있다더라."

"아, 그렇겠네. 건물 짓고 가게 자리를 만들 때부터 차를 대고 물건 내리는 걸 생각했어야 하지 않나?"

"응. 게다가 그 앞에 모두 돌을 깔아놔서 카트로 옮기기도 힘들겠더라고. 울퉁불퉁해서."

물론 도시를 설계할 때부터 잘못한 부분이 있을 수 있다. 시민의 생활을 불편하게 하는 도시의 문제는 그곳에 살고 있는 시민들이 제일 잘 안다. 정책 입안자들 역시 '현장에 답이 있다'고 지당한 답변을 내놓는다. 그렇다면 답은 자명하다. 현장에 살고 있는 사람들이 해법을 낼 수 있도록 참여를 보장하고 배려하면 된다.

"여기는 늘 그늘져 있어서 자주 물웅덩이가 생겨요."

"여기는 친구가 깡패한테 돈 뺏긴 곳이에요. 다른 친구들은 그런 일이 없었으면 좋겠어요."

어린이들의 묘사가 다소 과장일 수 있지만, 어린이들의 이야기를 주의 깊게 들으면 어른들이 놓칠 수밖에 없는 세밀한 부분을 배려할 수 있다.

이렇게 어린이와 어른이 커뮤니티매핑을 함께한다면 진입로를 넓히거나 길을 가로막은 볼라드를 없애는 방법을 궁리하게 된다. 여기서 전문가가 개입하면 더 나은 정책을 개발할 수 있다. 도로 접근성과 안전성을 동시에 해결할 수 있는 방법과 법적인 한계를 극복할 수 있는 방법을 전문가와 함께 찾아내야 한다. 그렇게 해서 걷기 좋은 거리가 완성되고, 그 이후에도 지속적인 시민 참여로 새롭게 등장하는 불편한 점을 개선해나갈 때 커뮤니티매핑의 효과가 더욱 잘 전달될 수 있다.

초등학교 커뮤니티매핑의 경우, 모든 학생이 자유자재로 디지털기기를 사용하기 어려울 수 있다. 이럴 때는 학생들의 참여가 활발해질

위험
지역 돈을 깡패에게 뺏긴길
다른 친구들이 깡패에게 돈을
뺏기지 않으면 좋겠다

초등학교 학생이 올린 안전 커뮤니티매핑 : 돈을 깡패에게 뺏긴 길.
다른 친구들이 깡패에게 돈을 뺏기지 않았으면 좋겠다.

수 있도록 디지털기기를 능숙하게 사용할 수 있는 그룹이 선두에 서면 좋다. 학생들이 도시를 둘러보며 문제점을 깨달으면 자연스럽게 자발적 참여와 역동성이 생겨난다. 이를 기반으로 디지털 기술에 능숙한 사람이 조력자가 되어 기술을 접목시킨다. 디지털 접근성 문제를 해결해야 폭넓은 참여를 유도할 수 있다.

디지털기기와 시스템을 잘 활용하는 사람과 그렇지 못한 사람 사이에 간극이 있을 수밖에 없다. 이런 격차는 각 사용자의 삶의 방식에 따라 당연히 발생할 수밖에 없으나 디지털 격차를 줄이기 위한 노력이 필요하다. 예를 들면 디지털기기에 능숙한 사람을 적절히 배치하는 것이다. 주최측은 참여자의 디지털 사용 능력을 활동 전에 알아보고 자연스럽게 배워나갈 수 있도록 세심하게 참여자들을 배치해야 한다.

디지털로 정보를 수집하다 보면 부정확한 정보를 입력하기도 하고, 정확한 수치를 측정하는 데 어려움을 느끼기도 한다. 커뮤니티 매핑에서는 이 정보를 재확인하고 검수하는 두 명 이상의 역할자가 필요하다. 웹사이트를 제어하고 통제하는 관리자도 필요하다. 한 번의 행사로 끝나지 않고 정보를 계속 시민들이 공유하고 업데이트하는 것은 매우 중요하다. 커뮤니티의 사용자가 잘못된 정보를 입력하지 않도록 웹사이트에 입력자와 관리자의 권한을 다르게 할 필요가 있다.

일반 대중에게 모두 공개할 때는 좀 더 신중한 접근이 필요하다. 자연재해의 긴급한 상황은 예외를 둘 수 있다. 허리케인 샌디 때의 주유소 매핑이나, 경주 지역 지진 커뮤니티매핑 같은 경우는 로그인 권한 없이 누구나 접근할 수 있도록 로그인을 풀어두기도 했다.

부천시 송내고의 '재난재해 및 미세먼지' 매핑 프로젝트

2019년 한국에 들어왔을 때, 위험 수위의 (초)미세먼지 고농도화에 깜짝 놀랐다. 전 세계가 미세먼지로 난리였는데 한국 사람들은 오히려 무덤덤했다. 지난 몇십 년간 수치가 오히려 좋아졌다는 얘기에 혼란스럽기도 했다. 미세먼지가 인체 건강에 치명적이라는 것은 전 세계가 인정하고 있다. 하지만 한국의 언론보도는 몇십 년 전보다 좋아졌다는 얘기와 노약자와 어린이에게 치명적이라는 상반되는 얘기가 계속 이어졌다.

나는 의대 교수로서 주로 환경과 의료 데이터를 연구한다. 지난 30년간 환경, 교통, 정책, 의료 분야가 개인의 삶과 건강에 얼마나 큰 영향을 끼치는지 연구해왔고, 당시에는 미국에서 미세먼지의 영향에 대해 연구 중이었다. 서울의 미세먼지가 지난 몇십 년보다 훨씬 좋아졌다는 게 사실이라 하더라도, 20년 전의 미세먼지와 지금의 미세먼지는 다르다. 미세먼지와 환경오염으로 인한 질환이 겹치면서 심각한 합병증으로 치달을 수도 있다. 미국 환경보건국에서는 건강한 사람이야 짧은 기간 미세먼지에 노출돼도 큰 영향이 없을 수 있지만, 심장질환자에게는 부정맥이나 심장마비를 일으킬 수 있다.

뿌옇게 미세먼지층이 눈에 보이는데도 아이들이 마스크도 안 끼고 학교를 다니는 모습을 봤다. 한강의 북쪽 끝에서 남쪽 끝이 안 보이는 지경인데도 사람들은 너무 아무렇지 않게 반응했다. 정확한 데이터를 제공하지 않고 경각심을 일깨우지 않는 것에 잠시 화가 났다. 한국은 봄에 미세먼지가 심해지는데 미세먼지 저감 정책으로 차량 운행을 자제하라는 권고를 내리거나 디젤차량이 서울에 진입하는 것을 막거나 노후 차량을 바꾸라고 말하는 정도다. 이런 정책은 필요하지만 개선에 상당히 오랜 시간이 걸린다. 당장 내 호흡기에 들어오는 미세먼지는 마스크 외에 막을 방법이 없다.

미세먼지는 공중에 떠 있는 고체 혹은 액체 상태의 먼지를 일컫는다. 일반적으로 직경이 10μm보다 작고 2.5μm보다 큰 크기의 먼지를 미세먼지(PM10)라고 하고, 2.5μm 이하의 먼지를 초미세먼지(PM2.5)라고 정의한다. 초미세먼지는 사람 머리카락의 약 1/20~1/30 정도로 작다. 초미세먼지는 호흡기를 통해 폐에 침투해 혈관을 따라 체내를 이동하면서 신체의 여러 부분에 나쁜 영향을 줄 수 있다.

겨울철이 시작되면 연무에 의한 미세먼지 발생이 증가하고, 여기에 중국으로부터의 스모그 영향이 겹쳐 우리나라 미세먼지 농도가 치솟곤 한다. '침묵의 살인자'로 불리는 초미세먼지는 우리의 일상생활을 위협하는 가장 심각한 환경 문제라고 해도 과언이 아니다. 공기 중의 미세먼지가 문제가 되는 이유는 심장마비, 천식, 기관지염, 폐렴, 폐암 등 심각한 질병을 일으키기 때문이다. 미세먼지 농도가 올라가면 심혈관계, 호흡기계 환자수가 기하급수적으로 늘어나고 사망률이 높아진다. 국제암연구소(IARC)는 PM2.5 미세먼지를 석면, 흡연과 같은 등급의 발암물질로 지정했다.

공기 중의 미세먼지는 인위적인 오염에 의해 배출되는 것도 있지만 자연적으로 발생하는 것도 있다. 우리가 마시는 미세먼지의 평균 30~50퍼센트는 중국에서 기원하는 것으로 알려져 있다. 계절적으로는 봄철 황사와 겨울철 스모그가 발생할 때 중국의 영향이 더욱 크다고 하니 이에 대한 적극적인 노력이 필요하다. 미세먼지 발생 패턴을 예측하고 고농도 발생이 우려되는 시기에 인위적 배출을 줄이며 실외 활동을 피하는 것이 최선의 방법이다. 중국으로부터의 영향을 우리가 당장 줄일 수 있는 방법은 없지만 우리 스스로 배출하는 미세먼지는 줄일 수 있다. 인위적 배출은 굴뚝과 자동차 배기가스, 생활 주변의 연소 행위에서 대부분 발생한다. 이런 연구들에는 지속적인 데이터가 많이 필요하다. 지속적인 데이터를 위해 시민과학을 적용할 수 있다.

인체에 직접적으로 영향을 끼치는 심각한 미세먼지로부터 시민들 스스로 건강권을 지키려면 더욱 정확한 데이터가 필요하다. 그러나 정부에서 제공하는 데이터는 정치적 문제에 따라 시민들의 신뢰 정도가 달라진다. 이럴 때는 시민들 스스로 관찰하고 탐구하는 것이 방법이다. 이걸 '시민과학'이라고 부르는데, 다음 장에서 깊이 있게 다루려고 한다.

부천시 송내고에서 진행한 미세먼지 프로젝트가 바로 이런 시민과학을 활용한 '재난재해 커뮤니티매핑'의 대표적인 사례다. 시민과학은 내가 과학 실험자가 되어 내 주변 환경을 더욱 절실하게 깨닫는 과정이다. 미세먼지가 왜 위험하고, 당장 오늘의 미세먼지로부터 각자를 보호하려면 어떤 방법을 택해야 하는지 스스로 결정하는 과정까지 아우른다.

미세먼지는 최근 커뮤니티매핑센터에서 주력하고 싶은 프로젝트다. 더 많은 시민들의 더 장기적인 데이터가 모이길 바란다. 요즘은 초등학생도 학교 가기 전에 미세먼지 앱을 열어 오늘의 대기 상태를 확인한다. 공기 중에 섞인 미세먼지는 그 성분이 천차만별이라 어떤 날은 수치가 낮아도 더 위험할 수 있다. 공식적 통계는 평균치를 주로 전달한다. 이 평균치는 착시 효과를 일으킬 수 있다. 미세먼지는 바람을 타고 움직이는데 측정 지점과 내가 접하는 미세먼지 수치는 다를 수 있기 때문이다.

학생들은 미세먼지에 대한 기본 상식과 커뮤니티매핑 방법을 강의 형식으로 먼저 들었다. 그리고 미세먼지 측정 키트를 가지고 스스로 간이측정기를 만들었다. 이 측정기를 만들면서 이론으로만 배웠던 과학 상식을 직접 실천하게 된다. 미세먼지 간이측정기는 간단한 원리로 만들 수 있도록 제작했다. 미세먼지 측정기는 온라인에서도 구입할 수 있는데 시판되는 것은 오류가 나기도 하고 전체적인 데이터를 수집하는 데 어려움이 있다. 커뮤니티매핑센터에서는 어디서나 사용할 수 있는 미세먼지 키트를 별도로 제작했고, 만들면서 원리를 배울 수 있도록 DIY 형태로 모두 분리했다. 펀딩을 받으면 비용이 저렴해질 수 있는데 일일이 제작하다 보니 학교에 제공하는 비용이 다소 높아진 게 아쉽다.

송내고에서 같이 만든 미세먼지 키트는 커뮤니티매핑센터의 서버로 자동 전송된다. 와이파이가 가능한 곳에 설치하면 수시로 데이터가 쌓인다. 실내에서 사용하는 간단한 기기가 있고 창문에 부착하는 기기가 있다. 창문에 부착하면 건물 외부의 미세먼지 농도와 성분을 수시로 측정해 서버에 전송한다. 이 데이터는 서버에 쌓이면서 커뮤니티매핑센터에서 개발한 웹사이트에 수시로 업데이트된다. 키트는 아마추어들이 만들었을 때 오류가 발생할 수 있어서 센터에서는 오류를 수정하는 작업을 수시로 해야 한다. 참여자들이 직접 제작한 미세먼지 간이측정기 키트를 주거지, 사무실 및 건물 등에 설치하고 커뮤니티매핑 도구인 매플러를 통해 데이터를 수집하면, 수집된 결과를 온라인 지도를 통해 제공하고 모델링하는 방식이다.

랩미세투데이는 이렇게 설치된 미세먼지 측정기가 전송하는 데이터를 다양한 방법으로 시각화해서 볼 수 있는 사이트다. 미세먼지 측정기를 통해서 수집된 데이터가 API를 통해 서버에 전달되면 실시간 데이터와 이력화된 데이터를 볼 수 있다. 각 지역의 온도와 바람의 방향 데이터를 같이 오버레이해서 볼 수 있다. 또한 여기에 미세먼지를 유발할 만한 산업 관련 활동의 위치도 입력해두었는데, 각각의 데이터를 분석하면 미세먼지를 더 많이 뿜어내는 곳을 찾아낼 수 있다. 미세먼지 데이터는 PM1.0(mg/m³)과 PM2.5(mg/m³), PM10(mg/m³)을 나눠 측정하게 했다. 숫자가 적을수록 더 작은 초미세먼지이다. 미세먼지 수치가 낮더라도 초미세먼지가 많으면 더 위험할 수 있다. 그래프는

커뮤니티매핑센터에서 운영하는 미세먼지 시민정보 네트워크 애플리케이션.
미세먼지 데이터가 실시간 올라온다.

수시로 서울의 미세먼지 상황과 비교할 수 있다. 또한 유럽과 미국의 대표적인 미세먼지 데이터 포털인 Luftdaten.info와 Thingspeak.com의 데이터와 호환하도록 설계했다. 정보공유자를 찾으면 어떤 데이터와도 호환하게 만들 수 있다.

부천시 송내고는 2017년 환경부의 '꿈꾸는 환경학교'로 지정되어, 공간 조성 및 교육 프로그램에 대한 지속적인 지원을 받을 수 있었다. 송내고 학생들은 그간 커뮤니티매핑센터와 수차례 매핑 활동을 해왔다. 학생들의 커뮤니티매핑에 대한 이해도가 높아졌고 발견한 문제를 의제화하는 일에 능숙해졌다. 많은 참여자가 동료가 되고 동료들이 함께 여러 번 반복해서 참여해야 얻을 수 있는 결과다. 송내고는 미세먼지를 측정할 수 있는 기술이 생겼고, 미세먼지를 어떻게 볼 것인지, 어디서 측정할 것인지 논의하면서 미세먼지 측정 지식을 모두 익혔다. 이들이 지속적으로 활동한다면 그게 바로 빅데이터가 된다. 그리고 활동 주체는 꼭 설치한 사람이 아니어도 된다. 가까이에 있거나, 바로 측정 가능한 사람이 데이터를 모아주면 된다.

미세먼지 커뮤니티매핑은 일반 커뮤니티매핑과 동일하게 시작한다. 앞서 말한 대로 강의를 듣고 키트를 받아 미세먼지 측정기를 만든 다음, 그 측정기로 도심을 다니며 측정하기 좋은 장소를 찾아본다. 참여자는 이곳저곳을 돌아보며 미세먼지가 많을 것 같은 곳을 선정하면서 주변의 땅과 건물, 바람의 움직임을 느낄 수 있다. 도시의 길목은 대부분 건물에 의해 바람의 흐름이 정해진다. 커뮤니티매핑을 하면서 측정할 바람길, 도로에서 뿜어져 나오는 배기가스와 각 건물에서 분출되는 냉난방기구들의 열기를 느끼게 된다. 도시에서 발생하는 오염물질을 직접 확인하며 환경에 대한 민감성을 높일 수 있다. 또한 측정기를 여러 곳에 설치할수록 데이터가 많아지는 걸 보면, '한 사람이라도 더 있었으면 좋겠다'라는 생각이 절로 든다. 부천시 송내고 학생들은 홍대, 부천에서 각각 미세먼지를 측정했다.

미세먼지 커뮤니티매핑에 참여한 학생들은 이미 자원봉사 활동으로 장애인 접근성 커뮤니티매핑을 해본 경험이 있어서 매핑 활동이

경기도 부천시 송내고등학교 학생들이 홍대입구역 연트럴파크 '경의선 숲길'에서 하는 미세먼지 커뮤니티매핑.

송내고등학교 학생들이 홍대입구 지하철역 내에서 하는 미세먼지 커뮤니티매핑.

꽤 능숙했다. 한 참여 학생은 이런 후기를 남겼다.

"인터넷에 올라와 있는 미세먼지 농도와 비교해보았을 때 커뮤니티매핑으로 측정한 미세먼지 수치가 평균적으로 높았는데 그 이유 중에 하나는 간이 미세먼지 측정기는 실제 미세먼지보다 더 높게 수치를 측정할 때가 있어서이다. 이 프로젝트의 주요 포인트는 미세먼지 수치의 공간적인 변화를 보는 것이 목적이라 정부에서 제공하는 수치와 직접 비교하는 것은 의미가 없다고 생각한다.

또한 흡연 구역이나 음식점 앞, 주차장 입구 등이 다른 지역보다 확연히 높은 수치가 측정된 걸 보면서 미세먼지의 원인을 예측할 수 있었다. 미세먼지를 측정하며 우리가 마시는 공기의 질이 생각보다 좋지 않다는 것을 알게 되었고 미세먼지를 줄이기 위한 노력을 해야겠다고 느꼈다.

학원에서 주로 시간을 보내던 주말에, 기억에 남는 의미 있는 시간을 보내게 되어 뿌듯했다. 환경에 많은 관심을 갖고 여러 프로그램을 통해 얻은 지식을 지인에게 알려주어 지인들도 환경 보존의 중요성을 알 수 있도록 해야겠다."

한국환경공단의 공식 측정소는 미세먼지 농도를 대부분 높은 곳에서 측정한다. 측정기구를 설치하는 장소가 주민센터나 공공기관의 옥상인 경우가 많다. 생각해보자. 주민센터 옥상에 설치한 측정기가 거리를 오가는 사람들이 숨 쉬는 높이에 퍼져 있는 미세먼지 농도를 정확히 측정할 수 있을까?

대기 중에 있는 미세먼지가 위로 올라가 층위를 만든다. 하지만 사람들이 직접 마시는 미세먼지는 국외에서 유입되는 것뿐만 아니라 우리가 일상생활을 영위하면서도 많이 발생하고 있다. 학생의 후기처럼 담배 연기, 자동차 배기가스, 지하철에서 올라오는 환풍기의 미세먼지들이 우리 코끝에 매달리는 것이다. 사람이 만든 건물에서도 미처 측정하지 못하는 미세먼지들이 만들어진다. 음식을 만들 때, 건물을 짓거나 부술 때 등 생활 속 미세먼지는 헤아릴 수 없이 많다. 정부기관에서 발표하는 공식 수치와 커뮤니티매핑에서 측정한 미세먼지 수치에 차이점이 생기는 이유다. 이 과정이 바로 시민과학의 구현이다. 정부와 민간 사이 인식과 정보의 간극을 메우기 위해서 시민과학이 활성화되어야 한다.

시민과학은 커뮤니티매핑이라는 도구를 사용하기 좋은 체계이다. 커뮤니티매핑은 현장성과 시민 참여가 기반이 되는 데이터 수집에서 출발한다. 여기서 수집된 데이터를 놓고 과학적 지식과 연구 방법을 습득해 함께 해결 방안을 모색해나갈 수 있다. 참여 학생들은 "인도를 걷다가 환기구 옆을 지나갈 때 아무 생각 없이 공기를 마셨는데 그 공기가 얼마나 나쁜지 측정을 통해 알게 됐다"라거나, "직접 측정해보니 지하철역 환기구 등에 미세먼지 여과 시스템을 설치할 필요성이 크게 느껴졌다"라고 말했다. 일상에서 시민의 건강을 지키고 삶을 향상시킬 수 있는 시민과학의 잠재력을 확인할 수 있다.

커뮤니티매핑 참여자는 아주 기초적인 과학 상식을 바탕으로 누구나 활용할 수 있는 기기를 가지고 능동적으로 참여하면서, 재난재해를 측정할 수 있는 능력을 키우고 그 심각성을 깨닫게 된다. 그다음에는 자기가 실천할 수 있는 실천 과제를 찾아내는 게 보편적인 과정이다. 그러나 커뮤니티매핑에 깊이 있게 참여하면서 더 많은 데이터를 관찰하고 탐구하다 보면, 결국 개인이 해결할 수 없는 거대한 장벽에 부딪히게 된다. 정책이 끼어들 자리가 생긴다. 이때 커뮤니티매핑을 안내하는 스태프들이 어떤 정책이 필요하고 정부와 기업에서 무엇을 해야 하는지 의견을 나눌 수 있는 토론의 장을 열면, 거기에서 참신한 정책들이 쏟아져 나올 수 있다. 참여했던 송내고 학생 중 한 명은 "시민들이 네트워크를 만들어 스스로 미세먼지를 측정해서 데이터를 더 많이 쌓으면, 공기질이 훨씬 나아질 것"이라고 대답했다.

송내고 학생 참여자들은 지하철 승강장 주변에서도 미세먼지를 측정했다. 지하철 승강장에서 측정한 미세먼지는 스크린도어가 있고 없고에 따라 큰 차이를 보였다. 스크린도어가 있는 승강장의 미세먼지 농도는 상대적으로 낮은 반면, 스크린도어가 없는 승강장은 지하철이 운행하며 흩날리는 미세먼지가 고스란히 승강장으로 들어오는 것을 눈으로 확인할 수 있었다. 학생들은 스크린도어가 안전 문제뿐 아니라 공기질에도 영향을 끼친다는 사실을 새롭게 발견하고 신기해했다. 자연스럽게 참여자들은 "스크린도어를 승강장마다 모두 설치하면 지하철 승강장 미세먼지가 좀 줄어들겠네요", "그렇다면 지하철이 다니는 선로의 미세먼지 농도가 훨씬 더 높을 테니 공기 여과 장치를 더 많이 만들거나 강력하게 개선을 요구해야겠어요"라는 의견을 제시했다.

정책 입안자들은 이런 매핑에서 얻어진 시사점을 바탕으로 정책적 대안을 모색할 수 있다. 지하철공사에서는 스크린도어를 더 확충하고, 지하철 선로의 미세먼지가 지상으로 빠져나가는지 확인해 공기여과 장치를 강화할 수 있다. 그에 대한 예산을 요청하거나 설비를 확대하는 것은 공공에서 할 일이다.

서울시 마곡지구의 냄새 커뮤니티매핑

2019년에는 서울의 마곡지구에서 냄새 커뮤니티매핑을 실행했다. 이 프로젝트는 참여자들과 함께 현실적 대안을 찾아내는 프로젝트였다. '도시에서 나는 냄새를 어떻게 측정한다는 거지?' '냄새는 사람에 따라 다르게 느끼는 거 아닌가?' 사람들에게 냄새 커뮤니티매핑을 소개하면 대부분 의아해한다. 그리고 초등학생들과 이 매핑을 진행하면 무척 재미난 현상을 관찰할 수 있고 냄새가 의미하는 것을 더욱 본질적으로 파악할 수 있다.

도시는 많은 사람들이 집약적으로 모여 활동하는 공간이다. 지카 바이러스 매핑에서도 나타났듯이 낙후된 지역일수록 위생 상태가 좋지 않은데, 열악한 환경이 지역주민의 건강에 영향을 끼친다. 환경이 좋지 않은 곳은 환경을 나쁘게 만드는 요소들이 냄새를 만들어 공기 중으로 퍼뜨린다. 사람의 후각은 생존력을 높여주는 방어 도구 중 하나다. 악취는 단순히 기분을 상하게 만드는 것뿐만 아니라 생존에 불리한 환경이라는 것을 인지하게 해준다. 분뇨가 쌓여 있거나, 썩어가는 물질이 있거나, 쓰레기를 치우지 않았거나, 하수구가 오염되어 있을 때 어김없이 냄새가 발생한다. 냄새는 작은 입자로 공기 중에 떠돌다가 사람의 후각을 자극하며 어서 피하라는 경고를 보낸다. 쉽게 얘기하면 집에서 갑자기 가스 냄새가 날 경우 화재나 폭발의 위험을 예견할 수 있다. 창문을 빨리 열어 바깥 공기와 섞이게 만들어 가스를 외부로 내보내야 위험도가 낮아진다. 뭔가 타는 냄새도 마찬가지다. 타는 냄새를 맡으면 사람은 당연히 '화재 위험이 있다'고 인식하게 된다.

냄새는 그 자체로 훌륭한 데이터가 될 수 있다. 우리가 농촌 지역에서 맡을 수 있는 가축의 분뇨 냄새는 예전엔 '고향의 향기'라고 했지만, 달리 생각하면 축산업에서 나오는 오염물질이다. 이 분뇨 처리를 잘하면 냄새를 줄일 수 있고 환경오염을 줄일 수 있다. 쓰레기나 음식물에서 썩는 냄새가 나는 건 미생물이 활동하기 시작했다는 뜻이다. 인체나 동물에게 해로운 병원균이 활동하기 시작했을 수 있다.

이런 건 자연적인 현상이지만, 공업 지역의 냄새는 더욱 심각하다. 공업 지역에서는 인체에 치명적인 유독화학물질이 연소되거나 정화되지 않은 채 노출될 가능성이 크다. 산업단지에서는 수시로 이런 폭발이나 누출 사고가 일어나지만 크게 주목받지 못하고 있다. 이미 공기 중으로 퍼져 나간 유독물질을 사람이 걸러낼 수는 없다. 하지만 비상경계령을 발동해 시민들의 피해를 최소화할 필요가 있다.

냄새는 상당히 주관적이다. 남들이 맡지 못하는 냄새에 반응하는 예민한 사람이 있는가 하면, 고약한 냄새를 잘 참는 사람이 있다. 사람의 후각은 다른 기관보다 빨리 마비된다고 알려져 있다. 늘 맡는 냄새는 익숙해진다. 흡연자들이 남의 담배 냄새는 잘 맡으면서 자기가 뿜어내는 담배 냄새는 잘 인지하지 못하는 것도 같은 이유다. 주관적인 이유는 여러 가지 복잡한 요소와 원인이 결합되기 때문이다. 냄새를 맡은 시점의 기후와 환경, 즉 바람이나 습도, 기압에 따라 느낌이 다르다. 조금 과장해서 말하면 몇 층에 있느냐에 따라 느껴지는 냄새가 다를 수 있다. 커뮤니티매핑에서는 이 복잡한 데이터를 더욱 객관적으로 수치화해 데이터의 품질을 높이고 냄새로 미리 재난 상황을 예측해 방지하거나, 냄새 자체로 발생할 수 있는 재난 상황을 방지한다. 2019년 마곡지구에서는 냄새 지도 플랫폼을 구축해 냄새 커뮤니티매핑을 실시했다.

냄새 매핑을 할 때 '시큼한 냄새', '음식물이 썩는 냄새' 정도로 표현해서는 좋은 데이터라 하기 어렵다. 그래서 측정 기준에 따른 범례를 만들고 냄새 입자를 잡아낼 수 있는 측정기를 만들었다. 측정기는 센서를 사서 직접 프로그래밍해 개발하는 방식으로 센터에서 만들었다. 황화수소 센서, TVOC 센서, NH_3(암모니아) 센서를 달았다.

황화수소는 농도가 0.3ppm 이상이어야 냄새가 나기 시작하는데, 흔히 '달걀 썩는 냄새'라고 한다. 다시 말하면 그 농도 이하에서는 냄

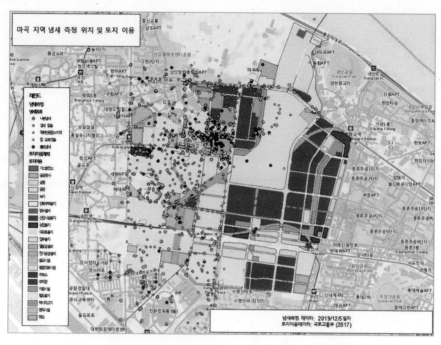

마곡 지역 냄새 측정기를 통한 냄새 측정 데이터 및 토지 이용을 나타낸 온라인 지도.

새가 나지 않는다. 황화수소는 유독성이고 폭발사고의 위험이 있다. 부산 광안리 한 공중화장실에서 황화수소로 인해 여학생이 사망한 사례가 있다. 산업안전보건법에 의하면 황화수소의 단시간 허용 농도 기준치는 15ppm이다. 농도 100ppm 이상이면 후각이 마비되고 700ppm이 넘으면 사람이 사망할 수 있다. 피해자가 발생한 공중화장실에서는 순간적으로 1,000ppm이 넘었다고 한다. 사람을 죽일 수도 있는 유독한 가스를 왜 미처 감지하지 못했을까? 이날 부근 오수처리시설에서 나온 황화수소가 세면대 바닥 구멍을 통해 화장실에 퍼졌던 것으로 알려졌다.

TVOC는 'Total Volatile Organic Compounds'의 약자로 한국어로는 '휘발성유기화합물'이다. 쉽게 말해 끓는점이 낮아 대기 중으로 쉽게 증발되는 유기화합물이다. 기체가 되기도 하고 액체로 변하기도 한다. 다양한 화합물질이 결합한 형태로 아세틸렌, 아세트알데히드, 벤젠이나 톨루엔, 포름알데히드 같은 유해물질이 포함되어 있다. 2007년 태안 앞바다에서 발생한 삼성1호-허베이스피리트호 원유 유출 사고에서 다량의 휘발성유기화합물이 공기 중으로 방출되었다. 발생 위치와 농도에 따라 그 성분이 조금씩 다를 수 있고 냄새도 달라 특정하기 어렵다.

암모니아는 누구나 잘 아는 화장실 냄새다. 최근엔 암모니아로 수소를 추출해 에너지원으로 사용할 수 있다는 이론이 나오고 있다. 냄새가 심해서 사람들이 금방 알아차릴 수 있고, 피부에 접촉하거나 흡수될 경우 심각한 영향을 끼칠 수 있다. 실명이 될 수 있는 등 치명적이어서 위험한 물질이다.

마곡지구에서 냄새 커뮤니티매핑

냄새 측정기로 마곡 지역의 냄새를 측정하는
자원봉사자 학생들.

을 하게 된 까닭은 냄새가 난다는 주민들의 민원 때문이었다. 이 부근에 서남 물재생센터가 있는데, 저녁에 냄새가 더 심해진다는 것이다. 물재생센터는 하수처리시설을 말한다. 주민들의 피해가 적지 않아 당시 서울시장까지 나서서 이 문제를 해결하려 노력했다. 재개발이 되고 주거단지가 들어오면서 주민들의 민원이 끊이지 않았다.

냄새가 심하다면 그 냄새에 붙어 있는 어떤 화학적인 또는 유해한 물질입자 때문이다. 황화수소와 암모니아, 휘발성유기화합물이 냄새를 발생시키는 주 원인일 수 있기 때문에 이 세 가지에 반응하는 센서를 달아 측정기를 만들었다.

냄새에 대한 평가는 사람마다 다르기 때문에 커뮤니티매핑은 두 가지 차원에서 이루어져야 했다. 첫 번째는 참여자 개인들의 주관적 평가다. 참여자들이 냄새를 맡는 위치와 측정한 위치를 기준으로 삼아 그 인근 시설을 매핑한다. 그리고 그 부근에서 사람이 맡게 되는 냄새의 유무, 악취 정도를 구분해 매핑한다.

사람이 맡은 주관적 평가와 더불어 냄새 측정기를 가지고 정확한 수치를 재어봤다. 마곡지구에서의 냄새 커뮤니티매핑은 정확도가 중요하기 때문에 10월부터 12월까지 석 달에 걸쳐 다섯 번의 워크숍과 개별 측정을 통해 지역 전체의 냄새를 측정했다. 심야 시간과 새벽 시간에 악취가 심하다는 의견이 있어서 저녁 7시부터 오전 9시까지 집중적으로 측정해 1,238개의 데이터를 수집했다.

냄새 측정기에 세 가지 주요 화학물질을 측정할 수 있는 센서가 있었으나, 세 가지 센서가 동시에 작동하면서 일부 오류가 생겨 센서를 분리해서 측정기를 개별로 수정해 다시 만들었다. 황화수소, 휘발성 유기화합물, 암모니아처럼 악취와 가장 직접적이고 밀접한 관계가 있다고 알려져 있는 요소 외에 이산화탄소, 온도, 습도도 같이 측정해서 각 물질들의 상관관계를 찾아봤다. 고정해둔 측정기는 자동으로 데이터를 수집해서 센터 사이트에 업데이트했으며, 외부에 설치한 측정기에 활용하려고 무선 네트워크 기능도 추가했다. 하다 보니, 고정형도 좋지만 휴대용으로 들고 다니면서 아무데서나 사용할 수 있는 측정기가 있으면 더 좋겠다는 생각이 들었다.

측정 데이터는 업데이트와 그래프 시각화 작업이 되게끔 작업해두

변수	종류
위치	위치 설명(어떤 거리, 어떤 빵집 등)
냄새 측정 위치	일반 측정 지역 | 냄새 발원 지역
바로 앞 (하나 선택)	음식점 | 하수정화조 | 세탁소 | 찜질방 | 농경지 퇴비 | 자동차 정비소 | 쓰레기 | 고물상 | 인쇄시설 맨홀 | 축산시설 | 공장 | 음식물 쓰레기 | 폐기물 매립 | 하수종말처리 | 정화조 | 배수구 | 맨홀 | 하수관거 | 기타
주변에 냄새 날 만한 곳(중복 선택)	음식점 | 하수정화조 | 세탁소 | 찜질방 | 농경지 퇴비 | 자동차 정비소 | 쓰레기 | 고물상 | 인쇄시설 맨홀 | 축산시설 | 공장 | 음식물 쓰레기 | 폐기물 매립 | 하수종말처리 | 정화조 | 배수구 | 맨홀 | 하수관거 | 기타
배수구·맨홀	열려 있음 | 닫혀 있음 | 막혀 있음
주변 토지 이용	주택가 | 상가 | 오피스 | 공장 | 음식점 | 버스정류장 | 전철역 | 녹지 및 공원 | 개천가 | 공터 | 기타
음식점(다중 선택)	고기 굽는 집 | 빵집 | 일반음식점 | 카페 | 기타
냄새 유무	좋은 냄새 | 악취 | 잘 모르겠음
냄새 종류	향기 | 신 냄새 | 썩은 냄새 | 타는 냄새 | 구수한 냄새 | 메스꺼운 냄새 | 지린내(염소) | 기타
냄새 정도	약간 | 조금 | 조금 강함 | 강함 | 아주 강함
악취 정도(있다면)	무취 | 감지 악취 | 보통 악취 | 강한 악취 | 극심한 악취 | 참기 어려운 악취

서울시 마곡지구의 냄새 측정 개요

었다. 일단 시계열 분석을 기본으로 했는데, 이후에는 이 데이터에 지리정보나 산업 데이터, 환경과 기후 데이터를 추가 입력할 수 있을 것이다. 사실 추구하는 방향이 무엇이냐에 따라 추가할 데이터와 분석할 내용은 달라지지만, 빅데이터와 머신러닝 분석 기술을 도입하기 전에 일단은 다양하고 정확한 데이터를 많이 수집하는 게 좋다.

이 커뮤니티매핑에서는 유독성 화학기체 경고 시스템도 구축했다. 냄새는 유독성 화학기체와 연관이 있으므로, 실시간 측정 시스템을 개발해서 유독성 화학기체가 측정되면 이를 경고할 필요가 있다. 한국의 재난문자 시스템과 유사하다. 기준치를 초과하는 유독물질을 제거하기 위한 체계가 가동되기 전에 사람이 쓰러질 수도 있기 때문이다. 특히 유독가스는 인지하지 못한 상태에서 인체에 급격하게 영향을 줄 수 있기 때문에 유출 시 바로 시민들에게 알려야 한 생명이라도 더 구할 수 있다. 꼭 집단적으로 측정한 평균치가 아니더라도 개인이 가진 측정기에서 발견되었을 때 바로 측정기의 소유주나 등록한 주변 친구 및 지인들에게 알릴 수 있다면 개인의 안전을 지키는 데 유용하게 쓰일 수 있다.

이 프로젝트는 '시민 참여'를 통해 주민들이 실제 체감하는 고충을 우선 해결하는 데 그 목표가 있었다. 악취는 개인의 문제를 벗어나 사회적 문제다. 마곡지구 냄새 커뮤니티매핑을 실행하면서 지역사회에 관해 시민의 관심을 이끌어냈고, 이를 통제할 권한이 있는 정책당국을 비롯한 지역 내 이해관계자의 관심을 유도했다. 또한 커뮤니티매핑 참여자들은 지역사회의 계획 및 의사결정에 참여하게 되었다. 지역주민이 지역 문제에 피동적으로 요구만 하던 민원인에서 스스로 문제 해결에 앞장서는 시민주권자로 변화한 것이다.

2020년 5월 인도의 비샤카파트남에서 가스 누출 사고가 있었다. 우리나라 기업인 LG폴리머스 공장에서 스타이렌 가스가 누출되었다. 이 일로 13명이 사망했고, 1,000명이 넘는 사람들의 건강에 영향을 끼쳤다. 당시 공장의 경보 체계가 작동하지 않아 피해가 커졌다. 만일 인근 지역주민들이 자체적으로 점검할 수 있는 시스템이 있었다면, 적어도 대피는 할 수 있었을 것이다. 유독물질을 취급하는 공장은 당연히 안전관리 책임이 강화되어야 하지만 지방정부나 주민들도 공장의 경고 시스템만 믿고 있을 수는 없다.

일시적으로 정확한 데이터 측정이 필요한 커뮤니티매핑

수집하는 데이터의 양이란 측면에서 커뮤니티매핑은 장기간 다양한 장소에서 데이터를 수집하는 경우(부천시 송내고의 미세먼지 매핑)와 단기간 정확한 데이터를 신속하게 모아야 하는 경우로 나눌 수 있다. 전자의 미세먼지 측정은 시·공간적으로 이뤄진다. 시간 차원은 초, 분, 시, 일, 주, 월, 연별로 측정이 진행되며, 공간 차원은 동, 면, 읍, 구, 시, 광역시, 광역도 등으로 범주화해 측정한다. 그렇게 해서 얻은 데이터는 그 양이 방대하다. 즉 빅데이터다. 이와 달리 닥친 현안의 성격에 따라서 커뮤니티매핑이 더욱 신속하고 정확하게 이뤄져야 하는 경우가 있다. 2016년 수행했던 경주시 지진 매핑과 2016~2017년 광화문 촛불집회 화장실 매핑이다.

더 많은 사람들이 수시로 자기 생활에서 미세먼지를 측정하고 그에 대한 데이터를 모으면, 어떤 사건과 어떤 움직임이 미세먼지 수치를 높이는지 확인할 수 있다. 예를 들어 주변에 새로 공사가 시작되었을 때, 건물을 철거할 때, 갑자기 차량 통행이 많아졌을 때처럼 특정한 사건에 의해 미세먼지 수치가 높아진다면, 이에 대한 대책이 필요하다고 쉽게 깨달을 수 있다. 미세먼지의 경우 1년 내내 측정해야 더 고급 정보를 추출할 수 있다. 빅데이터가 별게 아니다.

이렇게 쌓이는 환경에 관한 빅데이터는 당연히 참여자가 많고 참여 기간이 길 때 더 큰 효과를 볼 수 있다. 한국에서 실행했던 커뮤니티매핑은 단발성 이벤트로 끝나는 경우가 많았다. 정책 제안까지 넘어가지 못하고 수행기관이 중단해버리거나, 한 번쯤 시민들이 참여하는 '체험 활동' 정도로 여기기 때문이다. 큰 효과를 거둘 수 있는 커뮤니티매핑인데도 참여자가 적어 충분한 데이터가 모이지 않아 허무하게 끝낼 수밖에 없을 때도 있다.

일시적으로 정확한 데이터 측정을 요구하는 커뮤니티매핑은 짧은 기간에 많은 사람이 움직이는 게 좋다. 경주 지진 재난 지도 매핑이 그런 프로젝트였다. 2016년 경주에 지진이 일어났을 때, 계속해서 여진이 일어나 피해가 발생하는 것을 보고 나는 빠르게 매플러 사이트를 열었다. 한국은 수도권 쏠림 현상이 심해서 수도권 외 지역에서 일어나는 재난재해는 뉴스에 제대로 보도되지 않기도 한다. 그리고 지진 피해는 대부분 생활 주변에서 일어난다. 특히 고층건물이 별로 없고 오래된 건물이 많은 경주는 문화재가 곳곳에 산재해 있어 그 피해를 가늠하기 어려웠다.

지인들에게 연락해 경주 거주자를 찾았다. 우리 커뮤니티매핑을 이해하고 있는 학교 교사와 경주 시민들이 매핑에 참여했다. 어느 지역에 기와가 몇 장 떨어졌고, 차량이 파손되었으며, 길이 파였다는 정보들이 업데이트되었다. 도시 전역에 걸쳐 크고 작은 피해들이 줄줄이 이어졌는데 커뮤니티매핑 참여자가 너무 적었다. 커뮤니티매핑은 항상 '마중물'이 중요하다. 이 마중물은 결국 사람이다. 주도적으로 매핑 그룹을 이끌고 더 많은 정보를 찾아낼 수 있는 소그룹이 있어야 한다. 이들이 자원봉사자들에게 정보를 더 많이 전달할 수 있으며, 이 끄미 역할을 할 수 있다. 교육이 반복되면서 모두의 역량이 성장하지만 특히 마중물이 되어준 사람의 역량이 더 빠르게 커진다. 불행하게도 경주 지진 지도는 많은 사람을 찾지 못해 안타깝게 정리된 프로젝트다. 성공적이었던 허리케인 샌디의 주유소 매핑과 큰 차이를 보인 이유는 바로 이 마중물 역할을 해주는 자원봉사자의 역할이었다.

일시적으로 단기간에 걸쳐 정확한 정보를 수집했던 또 다른 매핑 사례는 2016년 늦가을부터 2017년 겨울에 수행했던 서울시 광화문광장 화장실 매핑이다. 2016년 11월부터 광화문에서 촛불집회가 열리기 시작했다. 점점 많은 사람들이 모였고, 나는 그 광경을 지켜보며

뉴욕에서 화장실을 찾아 헤매던 기억을 떠올렸다. '저 많은 사람들이 갈 화장실이 있을까?'

커뮤니티매핑센터는 이런 이슈에 신속하게 대응할 수 있는 시스템을 구축하고 있다. 빠르게 매핑 지도를 열었고 SNS를 통해 정보를 입력해달라고 요청했다. 사람들의 공유가 거듭되면서 광화문 주변의 화장실 표시가 늘어났다. 화장실뿐 아니라 집회 참석자들에게 물이나 간식을 제공하는 가게를 표시하기도 했다. 집회는 주로 토요일 저녁에 있었는데 주중에 몇 가지 변경된 사항이 있으면 게시자가 수정해야 했다. 사실 아임소시오처럼 주력하는 자원봉사팀이 있었다면, 그들이 몇 가지 정보를 미리 확인해서 데이터를 수정할 수 있었을 것이다.

경주시의 지진 재난이나 광화문 촛불집회와 같은 긴박한 상황이 오면 적지 않은 개발자들의 맵이 신속하게 등장한다. 정보 제공자가 일방적으로 빠르게 정보를 구축해 무작위로 제공한다. 정보 제공자는 기업체인 경우도 있고 펀딩을 받는 소셜벤처 프로젝트일 수도 있다. 하지만 앞서 강조한 대로 커뮤니티매핑은 참여를 통해 완성된다. 커뮤니티매핑은 참여자의 역량에 따라 그 데이터의 품질이 달라지는데, 손수 데이터를 입력하는 참여자가 줄어들면 그 힘을 잃는다. 이렇게 되면 커뮤니티매핑이 부족하고 불편하게 느껴질 수도 있다. 누군가 만들어주는 지도가 훨씬 더 편하기 때문이다. 특정한 이슈에 대해서 정확한 정보를 업데이트하는 것은 기술진의 참여로 충분히 가능하며, 팀을 구성해 몇 명의 인원이 전문적으로 매핑에만 매달릴 수도 있다. 하지만 커뮤니티매핑은 여러 참여자가 주인의식을 갖고 참여해 주변 지인들에게 전파하고, 공유하고, 책임지는 과정이 필수다.

11

시민과학, 리빙랩
그리고 커뮤니티매핑

커뮤니티매핑은 요즘 각광받는 시민과학, 리빙랩과 완벽한 하모니를
이루며 시너지를 발생한다. 이 세 가지의 공통점은 비과학자, 비전문
가인 평범한 시민들의 참여로 세상의 변화를 추구한다는 점이다. 앞
서 부천시 송내고의 미세먼지 프로젝트와 마곡지구의 냄새 지도를
설명하며 간단하게 시민과학과 리빙랩을 언급했다. 시민과학과 리빙
랩, 커뮤니티매핑의 조합에 대해 조금 더 상세히 알아보자.

시민과학이란

시민과학(Citizen Science)은 미국에서 시작된 개념으로 '시민(비과학자)
이 참여하는 과학 프로젝트'를 의미한다. 과학에 초점을 맞추기 때문
에 주로 자연과 환경 분야에서 사용한다. 유럽에서는 더 넓은 의미의
리빙랩(Living Lab) 개념을 사용하는 반면, 미국에서는 시민과학이라

는 용어를 주로 쓴다. 리빙랩은 시민과학보다 범위가 넓고 개입하는 분야도 더욱 포괄적이다.

미국에는 자연과 환경과학에 관련한 프로젝트가 많고, 유럽에는 사회문제를 시민 참여를 통해 해결하려는 시도가 많다. 시민과학은 말 그대로 시민들이 과학적인 프로젝트에 참여해 과학의 진보를 돕고 문제를 해결하는 것이다. 지역을 기반으로 보통 실행하지만, 그렇다고 꼭 지역의 범위를 설정해야 하는 것은 아니다. 리빙랩은 지역과 커뮤니티에 더 관심이 많고, 시민과학은 우리 삶에 연결되는 다양한 요소 중 과학적으로 조사나 증명이 필요한 과정에 더 많이 쓰인다고 볼 수 있다. 리빙랩은 지역과 커뮤니티 활성화 또는 삶의 질 개선이나 회복을 목표로 하므로 궁극적으로 사회혁신에 다가간다.

시민과학이란 전문 과학자들이 아닌 아마추어 과학자들과 시민들이 부분 혹은 전 과정에 참여하는 과학 연구를 말한다. 조류 관찰, 수질 오염, 대기 오염 등과 같은 사회문제 가운데 과학이 개입해야 하는 특정한 주제가 있으면, 데이터를 수집하고 이와 관련한 연구와 분석을 하는 것을 일컫는다. 옥스포드 영어사전에서는 시민과학을 전문 과학자나 전문 기관과 협업하거나 혹은 지침을 따라 일반 시민이 수행하는 과학적 프로젝트라고 정의한다. 시민과학 프로젝트를 통해 시민들이 그 분야를 더 잘 이해하게 되고, 호기심을 가지고 전문 과학자들과 소통해 문제를 해결하거나 새로운 아이디어를 공유하게 된다. 전문가와 함께 수행할 수도 있고, 비과학자인 시민들이 데이터 수집 단계에만 개입할 수도 있다. 시민과학을 리빙랩으로 가기 전의 소극적 참여로 이해할 수 있는 이유다. 리빙랩은 장기적인 계획을 가지고 구체적으로 개선해나가는 과정에 중점을 둔다면, 시민과학은 과학 데이터의 공유, 평등한 정보 접근에 목표를 두므로 참여의 깊이가 달라질 수 있다.

ECSA(European Citizen Science Association, 2015)에 따르면, 시민과학의 열 가지 원칙은 다음과 같다.

❶ 시민과학 프로젝트는 새로운 지식이나 이해를 생성하는 과학적 노력에 시민을 적극적으로 참여시킨다.

❷ 시민과학 프로젝트에는 진정한 과학적인 결과물이 있다.

❸ 전문 과학자와 시민과학자 모두 참여할 수 있다. 혜택에는 연구 결과물 발표, 학습 기회, 개인적인 즐거움, 사회적 혜택, 과학적 증거에 대한 기여를 통한 만족 등이 포함될 수 있다.

❹ 시민과학자들은 원한다면 과학적 과정의 여러 단계에 참여할 수 있다.

❺ 시민과학자들은 프로젝트로부터 피드백을 받는다.

❻ 시민과학은 고려하고 통제해야 하는 한계가 있고, 연구 접근 방식에 선입견이 개입할 수 있다고 간주되기도 한다.

❼ 시민과학 프로젝트 데이터와 메타 데이터는 공개적으로 사용 가능하며, 가능한 경우 결과는 오픈 액세스 형식으로 게시된다.

⑧ 시민과학자들은 프로젝트 결과와 출판물에서 인정을 받는다.

⑨ 시민과학 프로그램은 과학적 산출물, 데이터 품질, 참여자 경험 및 더 광범위한 사회 또는 정책 영향으로 평가받는다.

⑩ 저작권, 지적재산권, 데이터 공유 체계 등 법적·윤리적 이슈를 고려해야 한다.

리빙랩이란

시민과학은 리빙랩의 진행 단계에서 다양하게 사용될 수 있다. 시민과학은 그 자체로 어떤 혁신이나 개선을 가져오지 않아도 된다. 하지만 리빙랩은 일정한 시간을 두고 사람들의 일상생활 공간을 실험실 삼아 기존 삶의 방식과 관행에 변화를 모색하고, 이의 유의미한 변화와 개선을 추구한다. 일부 사람들은 리빙랩을 설명할 때 등장하는 실험과 실험실의 의미를 오해하기도 한다. 즉, 자신이 실험 대상으로 전락하는 게 아니냐는 불편함을 갖는다. 그러나 리빙랩에서 이뤄지는 '일상생활 속 실험'의 의미는 참여자가 연구자의 실험 대상이 되는 것이 아니다. 오히려 자신들이 일상생활에서 시도하지 않았던 새로운 방식과 기술을 적용해 또 다른 삶의 방식을 시도하며, 삶의 질을 더 향상시키려 노력하는 참여 주체이다.

리빙랩은 ICT 기술을 꼭 써야 하는 건 아니다. 다만 시대가 변하는 만큼 기존에 있는 ICT 기술을 이용하거나 혹은 새로운 툴을 만들어 문제를 해결하려는 다양한 기법들이 활용된다. 리빙랩은 혁신적 발상을 현실로 만들어내려는 노력과 더불어 늘 시도돼왔던 방식이다. 다만, 시대가 변하는 만큼 실험실의 규모와 평범한 다수의 역할이 달라졌을 뿐이다.

한국에서는 마을 형태의 리빙랩이 눈에 띈다. 서울의 성미산 마을은 개발을 반대하는 사람들이 모여 공유부엌과 마을밥상, 문화 공간을 조성해 완전히 새로운 곳으로 만든 역사가 있다. 인천의 배다리 마을도 개발 반대로 모인 사람들이 새로운 공동체를 만들어 명소가 되기도 했다. 폐광 지역에 카지노가 들어서고 마을의 공동체 정서가 위태로워지자 마을의 작은 가게를 연결시켜 네트워크 형태의 관광 자원을 개척한 강원도 태백 고한 지역의 마을호텔 실험, 청년들이 지방 도시에서 문화 활동을 벌이며 왕년의 흥했던 문화도시의 진면목을 다시 부활시키고 '살아보기' 프로젝트를 통한 전방위적 삶의 실험을 꾀하는 목포의 '괜찮아 마을'이 일종의 리빙랩이라고 할 수 있다.

한국에서는 예부터 두레를 비롯한 다양한 방법의 마을 실험이 있었다. 두레는 마을마다, 시기에 따라 다른 형태로 구현되었다. 성과가 좋았던 모델은 역할에 따라 다른 곳에서도 적용되곤 했다. 지역과 사회를 변화시키는 다양한 시도는 결국 사람에 의해 만들어지고 사람의 삶을 바꾼다. 리빙랩이라 부르지 않았을 뿐 리빙랩이나 마찬가지다. 공동노동조직이기도 하지만, 때마다 필요에 의해 결합하고 더 나은 공동체를 유지하기 위한 수단이라는 유사점이 있다.

미국과 유럽에서는 리빙랩 개념이 나타나기 시작한 때를 1990년

대로 본다. 유럽 전역의 리빙랩 국제연합인 유럽리빙랩네트워크(ENoLL)에 의하면 리빙랩은 체계적인 사용자 공동창의(systematic user co-creation)에 기반한 '열린 혁신' 생태계로, 혁신의 중심에 시민을 두면서 공공과 민간의 연구 및 지역 공동체(communities) 안에서 혁신적 활동을 통합하는 것을 말한다. 사실 이렇게 이야기하면 너무 어렵다. 쉽게 이야기하면 커뮤니티에 관심을 가진 사람들이 지역의 문제를 찾아내 기존에 시도되지 않은 혁신적인 방법으로 문제를 해결 혹은 개선해나가는 방법이라고 요약할 수 있다.

리빙랩이라는 단어 안에 포함되어 있는 형용사 '살아 있는(Living)'이 말하듯이 리빙랩은 딱딱하게 정형화된 구조가 아닌 살아 숨 쉬는 생태적 가치를 존중하는 열린 실험실을 말한다. 이 실험실은 지역 커뮤니티에 기반을 둔 우리 모두의 삶이다. 살아 있는 실험실은 실패를 인정할 수 있어야 하고 과정을 중요하게 여겨야 한다. 그래야 참여자들이 두려움 없이 새로운 시도를 할 수 있다. 당장의 성과가 나타나지 않더라도 리빙랩에 참여한 경험이 더 나은 다음의 생활실험을 만들어낼 수 있다. 다시 말해 리빙랩은 살아 있는 실험실, 일상생활 실험실, 사용자참여형 혁신 공간이라는 뜻으로, 사용자주도형 혁신 플랫폼, 공공·민간·시민의 협력 체계, 과학·사회·현장의 통합모델을 시도해 커뮤니티의 문제를 해결하는 새로운 패러다임이다.

리빙랩을 구성하는 핵심 요소

최근 리빙랩에는 몇 가지 중요한 요소가 있다.

첫째, 기존에 있는 정보과학기술을 사용한다. 빅데이터, IoT, 인공지능 등이 있으나, 시민들이 사용할 수 있는 기존 기술들을 다양하게 조합한 기술도 가능하다. 적정기술이라고 이름 붙인 것들이다. 과하지 않은 과학기술의 실용화라고 말할 수 있는데, 잘 쓰지도 않는 기능을 잔뜩 붙여 가격을 올린 그런 제품이 아니라, 실생활에 도움이 되는 기본적인 기능만 붙여 만든 DIY 공기청정기, DIY 수돗물 필터, 오염수 정수기 등이 적정기술을 사용한 물품이다.

둘째, 개방형 혁신 구조다. 어떤 지역에서 리빙랩을 시도한다고 해서 꼭 내부 인원만 참여하는 게 아니다. 외부의 아이디어, 전문적 영역을 알려줄 수 있는 조력자들, 다양한 파트너들의 협력이 필요하다. 이렇게 다양한 이해관계자와의 파트너십(공공, 민간, 시민, 학교 등등)으로 협력 체계를 구축하고 사용자가 참여해서 아이디어를 내고, 참여자가 낸 아이디어를 바탕으로 연구와 조사하는 것이 리빙랩의 본질이라 할 수 있다.

융합연구정책센터의 윤일영에 의하면 리빙랩을 네 가지로 분류할 수 있다. 정부나 지방정부 주도형, 연구기관주도형, 기업(민간)주도형, 사용자(시민)주도형.

정부기관이나 지자체가 주도하는 리빙랩은 지역사회 문제와 개발에 초점을 두고 프로젝트의 형태로 리빙랩을 조직하거나 네트워크를 구성해서 리빙랩 활동의 기반 조성과 혁신 활동을 지원하는 형태다. 정부기관은 활동 기반 조성과 지원에 힘써야 한다.

연구기관주도형은 리빙랩에서 쓰일 수 있는 다양한 기술이나 시민의 역량 강화에 유념해야 한다. 주로 R&D 사업의 형태로 리빙랩을 조직한다.

민간기업이 주도하는 경우 기업은 소비자를 조직해서 수요자 지향성을 반영한 제품이나 서비스를 개발하는 것이 목적이다. 기업의 수익이 나지 않는 분야라도 사회공헌적 측면에 헌신하고 이를 바탕으로 선한 이윤을 창출하도록 더 영리하게 대처할 윤리적 책임감이 필요하다.

리빙랩의 의도에 충실하다면 시민주도형이 가장 바람직하다. 사용자인 시민이 주도할 때는 지역 문제 해결을 위해 우선 문제가 뭔지 정의 내리는 기초 과정이 필수다. 기술적 문제와 시민들의 역량에 따라 다양한 협업과 지원이 필요할 수 있다. 이때 정부·지자체, 연구기관들의 지원과 기업의 협력이 더 나은 효과를 내는 데 도움이 될 수 있다.

커뮤니티매핑과 리빙랩의 행복한 만남

그렇다면 커뮤니티매핑은 시민과학이나 리빙랩과 어떤 관계가 있을까? 커뮤니티매핑은 지도 만들기의 역사 속에서 태어난 시민 참여 활동으로, 리빙랩과 시민과학이 활용할 수 있는 매우 유용한 방법 중 하나이다. 예를 들어 맛집 지도 만들기나 쉼터 파악은 리빙랩이나 시민과학의 결과가 될 수 있지만, 안전 지도는 리빙랩의 중간 과정인 해결 방법의 도구로 활용될 수 있다. 커뮤니티매핑은 결과를 놓고 평가가 가능하며, 과정에 삽입될 경우 평가를 위한 지표가 된다. 커뮤니티매핑이 시민과학이나 리빙랩에 개입되는 시점에 따라 그 역할이 각각 다른 자격을 갖는 것이다.

미세먼지 매핑 사례에서 살펴봤듯이 커뮤니티매핑센터에서는 IT, 모바일, 지리정보시스템 및 미세먼지 간이측정 기술 등을 활용한 커뮤니티매핑을 통해 시민참여형 리빙랩 프로젝트를 추진했다. 커뮤니티매핑을 활용한 미세먼지 리빙랩은 효과적인 참여형 미세먼지 대책이다. 시민들에게 미세먼지 간이측정기를 배포해 생활 현장에서 모아진 데이터를 활용하면 효과적인 미세먼지 대책을 세울 수 있다. EU, 런던, 바르셀로나 등에서는 간이측정기를 활용한 대기질 개선 리빙랩 사업이 활발하게 이루어지고 있다.

사람들이 모여 사는 곳에는 크고 작은 문제가 항상 일어난다. 보행 편의 문제만 살펴보더라도 보도블록이 깨지거나, 맨홀 뚜껑이 열리거나, 도로가 움푹 파이는 등 우리 생활에 일어나는 크고 작은 일들이 환경을 바꾼다. 그뿐인가. 갑작스러운 기후변화로 바이러스가 창궐하고 유행병이 돌며 자연재해가 일어나기도 한다. 정부는 이런 일들을 관리감독해서 주민들의 생활에 큰 지장이 없게끔 도와야 할 의무가 있다. 하지만 정부에 속해 일하는 사람들은 그 수가 한정되어 있어 도로가 파였는지 매일 살피고 다닐 수 없다.

지역은 거주민들의 경제적 상황에 따라 사회적 상황이 달라진다. 소득이 낮은 지역은 여러 가지 사회적 요소들이 복합적으로 작용해 소득이 오르지 못한다. 이런 지역일수록 대부분의 구성원들이 사회적으로 인정받지 못하며, 발언권이나 결정권도 쥐지 못한다. 즉, 자기가 사는 곳의 문제를 스스로 해결할 수 있는 능력이 낮다. 이런 현상은 거주자들이 무능력해서가 아니라, 그들의 말을 귀 기울여 들을 정부기관이 적기 때문이다.

만약 내가 산책할 때 불편한 점이 많다면 우선 불편하게 만드는 요소가 뭔지 찾아본다. 움푹 파인 길, 좁은 도로폭, 좁은 도로에 꽂혀 있는 전신주, 개똥이 산책을 방해한다. 커뮤니티매핑으로 이런 방해물들을 입력하면 지도 위의 지점을 보며 직관적으로 방해요소를 확인할 수 있다. 이후 세부적으로 분류하고 데이터를 분석해 객관적인 데이터를 얻을 수 있다.

이제 개인은 각자 생산한 독특한 정보를 공공에 제공할 수 있게 된다. 혼자만 알고 있던 정보가 공공데이터가 되는 순간 역동이 일어난다. 현장에서는 "이런 것도 정보가 되나요?"라는 질문을 가장 많이 한다. 개인이 효능감을 느끼는 순간, 정보가 공공화된다. 커뮤니티매핑에서 지도는 정보를 시각적으로 보여주면서 정보 수집의 결과물이 된다. 사람이 많을수록 지도 위의 매핑 장소, 즉 점이 늘어난다. 참여자들은 이 점과 점을 연결해 선과 면을 상상한다. 그러면서 커뮤니티의 변화를 자연스럽게 유추한다. 리빙랩은 계층과 소득에 상관없이 어디서나 적용이 가능하다. 자기가 사는 곳의 이야기를 세상에 대놓고 할 수 없는 사람들의 삶을 개선하는 효과가 매우 크다.

사실 커뮤니티매핑의 거의 모든 프로젝트가 리빙랩 프로젝트의 일부분이라고 할 수 있다. 커뮤니티매핑은 리빙랩의 시작이 될 수 있고 과정이 될 수 있다. 다시 말해, 문제를 찾고 개선점을 찾아내는 역할을 커뮤니티매핑이 할 수 있다. 또한 문제 해결에 대한 평가를 할 수도 있다. 커뮤니티매핑은 해결 방법의 도구가 될 수도 있고, 아닐 수도 있다. 예를 들면, 깨끗한 수돗물 관리 문제는 커뮤니티매핑이 해결할 수 있다. 하지만 범죄 안전 지도는 커뮤니티매핑이 문제를 찾고 현황을 파악하는 것에 그칠 수밖에 없다. 지도를 만들었다고 범죄를 예방할 수는 없기 때문이다. 커뮤니티매핑이 문제를 시각화하고 정보를 널리 전달할 수 있지만, 문제를 해결하기 위해서는 더 세밀하고 구체적인 해결책을 뒤이어 실행해야 한다.

서울 양천구의 한 어린이 놀이터가 안전한 놀이터로 바뀐 사례가 있다. 이 놀이터는 주변 환경이 어둡고 인적이 드물다. 아파트 단지 사이에 끼어 있어 위치 또한 애매하다. 평소 술 취한 사람들이 어린이 놀이터를 점령하다 보니 싸움이 나고 큰 소리도 났다. 민원 신고가 잦아서 경찰차가 수시로 출동했다. 제 기능을 하지 못하고 주민들이 기피하는 장소가 되었다. 아이들이 오지 않아 술 취한 어른들이 차지한 것일까, 아니면 술 취한 어른들이 차지하니 아이들이 오지 않는 것일까? 무엇이 원인일까?

이 놀이터를 관찰하면서 알게 된 흥미로운 사실이 있다. 바로 이 어린이 놀이터 앞에 새로 생긴 편의점의 역할이었다. 24시간 편의점이 들어선 다음부터 주변이 갑자기 환해졌다. 하루 종일 불이 켜져 있는 편의점이 있으니 자연스럽게 어린이 놀이터 일대가 밝아졌다. 마을 주민들은 수시로 편의점을 드나들면서 편의점에서 산 음료수를 공원에 앉아 마시고 가기도 했다. 물론 어린이 놀이터에서 술 마시던 사람들도 편의점이 반가웠다. 하지만 취한 사람들이 어린이 놀이터를 점령하고 있는 것도, 공공의 공간에 술 취한 사람이 어슬렁거리는 것도 공원의 목적에 적합하지 않다. 보다 못한 주민들과 경찰이 편의점주에게 부탁했다. 사실 편의점주 입장에서는 무엇이든 팔면 그만이지, 마을 치안까지 신경써달라는 얘기가 성가셨을 수도 있는데 이 점주는 그렇지 않았다. 편의점주는 주민들의 의견에 적극 동의했다. 술을 사가는 사람들에게 "요 앞의 공원은 어린이 놀이터가 있으니 거기서 드시면 안 됩니다"라며 술 마시는 사람들을 제지하기 시작했다. 편의점주의 설득 때문에 편의점 앞 어린이 놀이터에서 술 마시는 사람들 수가 점차 줄어들었다.

이와 함께 간식을 사 먹으러 온 아이들이 놀이터에 서서히 모여들었다. 아이들이 더 많이 찾아와서 왁자지껄해지자 술 마시던 사람들은 자연스럽게 사라졌다. 마을 어르신들도 운동하러 나와 아이들을 지켜보는 안전망이 되었다. 놀이터는 편의점의 등장으로 더욱 나아졌다. 예상치 못한 결과였다. 24시간 내내 불을 환히 밝히고 있는 가게 하나가 주변을 바꿀 수 있다니, 이것이 바로 리빙랩이 현실을 개선하는 생생한 예가 아닐까?

이 놀이터를 어떻게 바꿔낼 것인지 골몰한다면, 일단 환경안전 진단과 사고 데이터를 시각화하고 놀이터까지 가는 교통에 대한 안전 커뮤니티매핑을 진행하는 게 1단계다. 사실 편의점 이야기를 듣기 전에는 안전, 교통, 사고에 대한 매핑까지만 생각했는데, 주변 환경이 놀이터에 끼치는 영향과 놀이터 주변에서 어떤 사람들이 일하고 살아가는지도 매우 중요한 요인이 된다는 사실을 깨달았다.

이런 지역에서 위험요소를 적당히 가미한 도전형 놀이터, 한국에서는 흔히 '기적의 놀이터'라고 부르는 창의적 놀이터를 만들면 지역이 더욱 변할 것이다. 어린이 놀이터를 바꿀 때마다 반복되는 일은, 공공기관에서 놀이터 시설 낙후 여부를 판단하고 안전점검을 한 뒤에 적당한 낙찰가를 산정하고 예산에 걸맞은 업체를 선정하는 것이다. 업체는 거대한 놀이기구 하나를 설치하고 바닥에 우레탄을 까는 등 정형적인 모습으로 반짝이게 만든다. 하지만 놀이터에 대한 아이들의 욕구는 모두 다르다. 여기서는 미끄럼틀을 타고 여기서는 그네를 타도록 지정해두는 것은 아이들의 놀이에 별 도움이 안 된다. 놀이터를 둘러싼 여러 가지 환경에 대한 커뮤니티매핑을 실행한 뒤 시민들이 수시로 놀이터에 관련한 의견과 정보를 업데이트할 수 있는 시민참여형 문제 해결 플랫폼을 구축해서 실사용자의 의견을 적극 반영하는 게 낫다.

뛰어난 놀이설계 전문가와 건축 전문가가 합류하면 완전히 새로운 공원이 태어날 수도 있다. 워크숍을 통해 다양한 아이디어를 제안할 기회를 만들고, 주요 이해관계자와 포커스그룹 인터뷰도 가져야 한다. 이후 놀이터를 어떻게 운영하고 관리하느냐의 문제 역시 지역주민 그리고 사용자인 어린이들과 함께 정하면 된다. 이렇게 만들면 이 공원은 지역의 거점이 될 수 있고 지역주민들의 생활을 변화시키는 힘도 갖게 된다. 내가 참여한 공간만큼 소중한 것은 없다.

커뮤니티매핑이 리빙랩을 주도하거나 시작하게 만든 사례는 무수히 많다. 리빙랩은 커뮤니티매핑을 단순히 일회성 이벤트로 치부하지 않고 정책으로 바로 연결해야 그 효과가 증대된다. 한국에서 이 도구를 적극 활용해 행정에 반영하고 지속한 예는 아직까지 없다. 몇 번의 시도가 있었으나 커뮤니티매핑의 지속성이 가져오는 효과에 대한 이해가 부족하고 담당자가 자주 바뀌는 구조적인 문제, 참여자와 권한을 나누지 못하는 문제가 자주 나타났다. 아쉬움이 크다.

커뮤니티매핑의 핵심 이슈

질문1 커뮤니티매핑 과정에서 수집한 데이터를 신뢰할 수 있는가? 그리고 수집한 데이터의 신뢰성을 어떻게 높일 수 있는가?

일반적으로 커뮤니티매핑은 커뮤니티 단위에서 진행되기 때문에 커뮤니티 그룹 내에서 데이터를 항상 체크하는 게이트키퍼가 있어야 한다. 수집한 데이터를 입력하는 과정에서 참여자가 실수할 수 있고, 드물게는 고의적으로 데이터를 지우거나 틀린 데이터를 올리는 경우가 있다. 참여자가 수집한 데이터의 신뢰성은 매우 중요하기 때문에 가끔씩 데이터에서 표본을 뽑아 교차 검증한다. 또한 참여자가 실명으로 데이터를 올리고 수정하도록 해야 한다. 그리고 지속적으로 참여자가 입력한 데이터를 모니터링하는 것이 필수다. 참여자 스스로 데이터를 모니터링하기도 한다. 예를 들어 2020년 코로나 방역 마스크 시민 지도는 충분한 교육을 이수한 참여자만이 아니라 불특정 다수가 마스크 관련 정보를 입력했다. 이 경우, 참여자가 모니터 요원의 역할을 수행하기도 한다.

질문2 커뮤니티매핑의 참여자를 어떻게 모집할 수 있는가?

프로젝트를 공고하고, 매핑 사이트를 만들어놓으면 참여자가 모여들 것으로 여기는 사람들이 적지 않다. 확실한 동기부여나 이익이 없을 때 충분한 참여자를 모으기란 쉬운 일이 아니다. 가장 효과적인 방법 중 하나는 해당 주제에 관심을 갖고 지속적으로 활동해온 커뮤니티와 함께 협업하는 것이다. 예를 들어, 학교 주변 유해 환경에 대해서 관심을 갖고 활동해온 교사, 마을 주민, 그리고 활동가 등과 연계하면 더욱 열정적인 참여자를 구할 수 있다.

커뮤니티매핑 참여자에게 어떻게 동기부여할 수 있는가? 금전적 인센티브 제공이 타당한 동기부여라고 보는가? 예를 들어 참여자가 데이터를 입력할 때마다 건당 1,000원씩 주는 것은 적절한가?

커뮤니티매핑의 참여자에게 동기부여하는 것은 가장 기본적 임무이면서 동시에 가장 어려운 일이다. 참여자를 대상으로 충실한 교육 내용을 담은 강의와 유용한 수행 지침과 노하우를 공유하는 워크숍이 기본적인 동기부여의 수단이 되어야 한다. 참여자를 대상으로 한 교육과 워크숍 그리고 현장에서 매핑을 수행하는 과정에서 참여자의 지역 문제에 대한 인식 변화와 자기 역량 강화가 발생해 지역을 바꿀 수 있다는 확신을 얻는 것이 중요하다. 기술적 방법도 활용할 수 있다. 참여자가 학생인 경우 커뮤니티매핑 수행과 학교 교과 과정을 접목하거나, 혹은 봉사시간 인증 등의 교과 크레디트를 제공할 수 있다.

참여자에게 데이터 입력 건당 돈이나 도토리 형식으로 금전적 대가를 치르면 다음과 같은 위험이 따른다. 즉 데이터를 올리는 목적이 돈이 될 수 있어서 수집한 데이터의 질이 떨어질 가능성이 있고, 금전적 대가 지불이 예산을 초과하면 프로젝트 자체를 중단해야 하는 어려움에 처할 수 있다. 금전적 대가에 의존하지 않으면서 참여자에게 동기부여할 수 있는 창의적 아이디어를 계속 고민해야 한다.

커뮤니티매핑 수행 후 업데이트가 안 되는 사이트도 눈에 띈다. 그렇다면 매핑 성과의 유지·지속성이란 측면에서 실패한 것 아닌가?

매핑 사이트의 업데이트는 해당 매핑 프로젝트의 목적과 성격에 맞게 판단해야 한다. 물론 성공적이지 않은 프로젝트여서 업데이트가 안 되는 경우가 있지만, 커뮤니티매핑 사이트라고 항상 데이터를 업데이트해야 하는 것은 아니다. 예를 들어 2015년에 수행했던 서촌 한옥 현황 조사의 경우, 당시 서촌 한옥의 현황을 보여주는 것이 목표였고 애초 목적에 따라 수집했던 데이터를 아카이브하고 시각화했다. 2018년에 자원봉사 중심으로 서촌 한옥의 현황을 한 번 더 업데이트하기는 했지만, 보존 대상이었던 한옥이 급격하게 늘어나거나 감소하는 것이 아닌 만큼 업데이트를 매년 주기적으로 수행하는 것이 지나칠 수 있다. 하지만 도심의 장애인 편의시설에 대한 커뮤니티 매핑은 지속적인 업데이트가 매우 중요하다.

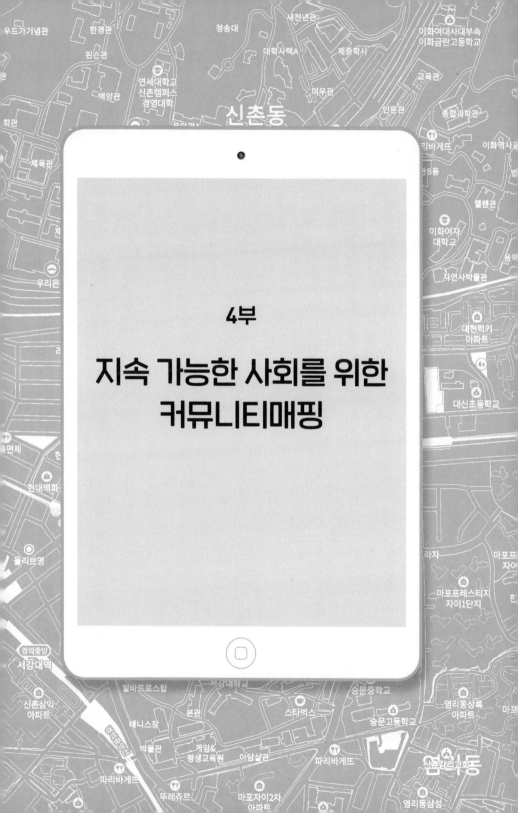

4부

지속 가능한 사회를 위한 커뮤니티매핑

12

커뮤니티매핑과
공공데이터의 활용

공공데이터란 관공서(공공기관)가 공공의 목적을 가지고 만들거나 유지하고 있는 자료(data)를 말한다. 공공데이터 공개란 제공한 정보를 상업적이든 비영리적이든 누구나 이용할 수 있도록 권한을 부여한다는 뜻이다. 주민참여형 지리정보시스템(PPGIS)이 통상적인 지리정보시스템(GIS)을 이용해서 얻을 수 있는 공공데이터의 효과는 많다. 정부의 투명성과 책임감, 참여, 자체 역량 강화, 정부 서비스의 개선 혹은 새로운 서비스 발굴, 혁신(innovation), 정부 계획의 효율성과 효과성 증대, 새로운 지식과 패턴을 통한 이해와 신규 비즈니스 생성, 사회 소외계층에 대한 자료 및 기회 제공 등이다.

공공데이터를 사용할 때 기대할 수 있는 잠재력도 어마어마하다. 최근 몇 년 동안 관공서나 민간 분야에서 공공데이터의 활용에 대한 관심이 높아지고 있다. 특히 미국에서는 공공데이터를 공개하면서 수많은 일거리와 공공데이터를 이용한 새로운 비즈니스가 창출되었다. 같은 맥락에서 최근 국내 여러 지역에서도 커뮤니티매핑과 관련한 활동이 일어나고 있다. 이 활동은 주민의 관점에서 크라우드 소싱의 방법으로 데이터를 수집하고, 수집한 데이터를 행정의 계획과 실행 단계에 적용할 수 있다. 공공데이터는 관공서에서 제공하는 하향식(top-down) 정보인 반면, 커뮤니티매핑은 여러 지역과 관심 분야에서 주민들이 직접 데이터를 만들어가는 상향식(bottom-up)이라는 점에서 차이가 있다.

커뮤니티매핑을 기획할 때 초기 단계에서는 주민들에게 기존의 정보를 제공해서 지역과 관심 분야에 대한 이해를 도울 필요가 있다. 예를 들어 범죄 예방 분야에 커뮤니티매핑 기법을 적용할 때는 주민들이 범죄나 치안에 관한 정보를 직접 수집하는 것보다, 기존에 있는 공공데이터를 활용해 지역을 이해하는 것이 우선이다. 경찰청이나 관공서가 보유하고 있는 범죄나 치안 관련 데이터를 시각화하면 주민은 지역 문제에 관심을 갖게 된다. 관심이 있어야 참여도 쉬워진다.

관공서에서 가지고 있지 않은 데이터는 주민들이 커뮤니티매핑이란 기법을 통해서 보완하게 한다. 이때 참여가 효율적으로 이루어지게 하려면 관공서가 보유하고 있는 공공데이터에 대한 접근이 필수적이다.

커뮤니티매핑에 공공데이터를 결합했을 때 나타나는 효과는 다음과 같다.

지자체의 투명성과 책임감 제고

지자체의 예결산 자료를 공개하고 감사를 받을 때, 짧은 감사 기간과 적은 수의 인원 때문에 감사 과정에 한계가 있다. 그러나 이런 데이터를 모든 사람이 열람할 수 있게 만들면, 지자체의 예산 수립이나 지출이 더 투명하고 책임감 있게 이루어질 수 있다.

311전화는 미국과 캐나다 지자체에서 비응급 상황 공공서비스를 신청받기 위해 만든 전화번호다. 응급전화인 911전화와 구분하기 위해서 만든 전화번호지만, 일반적으로 시의 공공서비스에 불만을 표출하는 전화로 알려져 있다. 311전화에 관한 정보 데이터 맵에는 311전화의 종류와 전화를 접수한 시간, 주소와 위치를 알려주는 경도와 위도, 해결 방법 및 해결 시간이 누적되어 있다. 이 정보 데이터를 통해 뉴욕시에 사는 주민들의 불만이 종류에 따라 공간적, 시간적으로 어떻게 분포하는지 알 수 있다. 311전화가 접수된 시간과 해결된 시간의 차이 분포를 보면, 행정상의 처리 부분이 지역별로 차이가 있는지, 인종별로 차이가 있는지, 혹은 가구 수입별로 차이가 있는지에 관한 정보를 알 수 있다. 이 사례는 뉴욕시에서 제공하는 공공데이터를 가지고 주민들이 커뮤니티를 이해하는 데 어떻게 도움이 되는지를 보여준다. 주민들은 이 공공데이터에 관한 지도를 보면서 내 이웃들의 불평이 얼마나 형평성 있고 효율적으로 처리되는지 모니터링할 수 있다.

이렇게 공공의 데이터를 이용해서 공공행정의 투명성이나 효과를 볼 수 있는 반면에, 관공서에서 제공되는 데이터가 없을 때는 주민들이 커뮤니티매핑을 통해서 지자체의 투명성과 책임감에 관한 정보를 모을 수 있다. 서울의 다산콜센터로 접수된 민원들을 데이터화하고 이를 시민들에게 공개한다면 더 많은 주민 참여를 이끌어내 행정의 효율성을 높일 수 있을 것이다.

정부 서비스 접근성 증가 및 주민 참여 확대

공공데이터가 공개되면 공공기관에서 제공하는 데이터에 여러 가지 방법으로 쉽게 접근할 수 있다.

수년 전에 참여한 뉴저지 납중독 하우징 프로젝트에서는 일반 시민들이 집을 렌트하거나 살 때 그 집의 납중독에 대한 과거 이력을 볼 수 있게 만들었다. 이 프로젝트는 뉴저지에 일곱 개나 되는 납중독 관련 주정부 산하 기관에서 받은 데이터를 통합해서 거의 100만 건에 달하는 주택의 납 오염에 관한 데이터베이스를 정리한 뒤 온라인 지도를 그려 주민들이 볼 수 있게 했다.

또한 뉴욕시는 24,000건이 넘는 음식점 위생검사 데이터베이스를 뉴욕시 공공데이터 포털(https://nyc opendata.socrata.com)에서 제공하고 있다. 뉴욕시에서는 ABCEats라는 스마트폰 앱을 통해 음식점을 이용하려는 사람들이 쉽게 음식점의 위생검사 데이터에 접근할 수 있게 했다. 시민들은 신뢰도가 높은 정부 데이터를 살펴보며 눈에 보이지 않는 식재료 조리 과정을 가늠하고, 식당 주인들은 좋은 점수를 받기 위해 노력한다.

생각해보면 음식점 위생검사 정보를 정부만 가지고 있으면 무슨 소용이겠는가? 정보가 필요한 사람은 식당의 이용자들이다. 정부의 서비스지표가 시민들에게 열리면 시민들은 살펴보는 것만으로도 정부 정책과 위생점수지표에 대해 생각하게 된다.

자체 역량 강화

지역의 변화를 이해하는 데 필요한 정보, 특히 공공데이터 제공은 시민들에게 교육의 기회를 제공한다. 또한 이들이 개인의 변화나 지역사회의 변화를 일으킬 수 있는 좋은 기회가 된다. 커뮤니티매핑에서는 이런 데이터를 이용해 지도를 만드는 과정에서 주민들 스스로 배우고 참여한다. 그리고 참여를 통해 지역사회를 바꿀 수 있다는 확신을 갖게 된다. 데이터를 모으고 제공한다는 1차 목표에 도달함과 동시에 그 과정에서 변해가는 것을 볼 수 있다.

2019년 서울에서 독립운동 역사 커뮤니티매핑을 진행한 적 있다. 독립운동 온라인 지도 플랫폼과 독립운동 순례길을 만들었다. 자문위원들을 초대해 독립운동사에 대해 듣고 프로그램의 방향을 잡았다.

청소년들과 만드는 길모이 1코스는 3·1운동 준비의 길이었다. 비밀리에 3·1운동을 기획하고 준비했던 흔적들을 지도 위에 매핑했다. 2코스는 바로 3월 1일 하루 동안의 만세 시위 동선이었다. 3코스는 남산자락의 통감관저를 지나서 남영동과 효창동에 이르기까지 독립

열사들의 자취를 따라가면서 일제강점기 건물의 흔적을 통해 당시의 상황을 떠올려보는 것이다. 3·1운동 선언문과 만세운동을 어렴풋이 알고 있던 참여자 모두가 자연스럽게 역사 공부를 하고, 100여 년 전 일어난 역사적 사실에 깊이 공감했다. 커뮤니티매핑 참여와 수행을 통해서 참여자들 스스로 역량을 강화한 사례다.

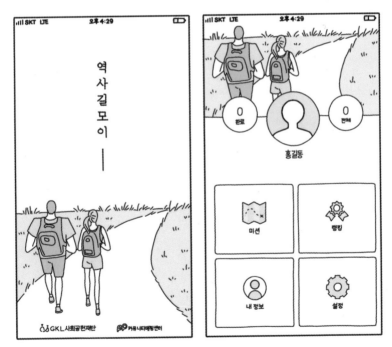

독립운동 순례길 '역사길모이' 앱을 통해 기억해야 할 우리의 역사를 미션 해결이라는 적극적인 방법으로 체험하고 그 의미를 되돌아볼 수 있게 하는 미션형 역사 탐방 프로그램.

새로운 서비스 제공 확대

IMNashville 웹사이트는 환경보건정의 프로젝트 중 하나다. 테네시에 있는 성범죄자들의 데이터를 온라인 지도로 제공하고 있다. 데이터가 온라인 지도로 제공되면, 사는 집의 위치에서 가까운 성범죄자나 평상시 아이들이 잘 가는 지역 및 이동경로에 있는 성범죄자의 위치를 금방 시각화해서 볼 수 있다. 온라인 지도 서비스는 다른 지리정보와 합쳐서 보여줄 수도 있고, 주어진 서비스 링크를 커뮤니티매핑 사이트 위에 더할 수도 있다.

미국에는 메건법이 있다. 1994년, 일곱 살 메건이 성범죄자에 의해 살해당한 끔찍한 사건에서 비롯된 법이다. 한국에서는 이 법을 '성범죄자 신상공개법'으로 해석한다. 미국은 각 주마다 법률이 조금씩 다르다. 메건법을 시행하는 주에서는 성범죄자들의 거주지를 모든 시민이 열람할 수 있다. 캘리포니아의 메건법 공고 사이트에 주소를 입력하면 주변의 성범죄자를 확인할 수 있다. 사실상 모두 공개되어 있는 셈이다.

여기에 입력된 데이터를 보면 성범죄자의 패턴과 소득·술집·학교 위치와의 관계를 알 수 있다. 주민들은 성범죄자들에 대한 의미 있는 정보를 사용자의 관점에서 볼 수 있다. 학부모는 자녀들의 등굣길을 살피면서 성범죄자들이 없는 곳으로 등교할 수 있도록 안전한 루트를 제공할 수 있다. 이런 서비스 제공이 가능한 것은 테네시주 정보기술국에서 성범죄자들의 데이터를 실시간 접속 가능하게 만들고, 다

등록된 성범죄자의 위치를 보여주는 테네시주 멤피스시의 온라인 지도.

른 지리정보 플랫폼에서 바로 재사용할 수 있도록 온라인 지도 서비
스로 제공하기 때문이다. 그중에 한 방법은 WMS(Web Map Service)다.
이런 표준 방법을 이용해서 성범죄자의 온라인 정보를 쉽게 끌어다
가 내가 만드는 온라인 지도 위에 접목시킬 수 있다. 이 사례에서 보
듯이, 공공데이터는 데이터 제공 외에 데이터가 다른 애플리케이션

에 적용될 수 있도록 하는 것이 중요하다.

혁신 창출

혁신(또는 이노베이션)은 특정한 일을 처리하는 데 있어서 점진적인 혹은 급진적인 변화를 일컫는 말이다. 많은 경우 혁신은 기존의 문제 해결 방법과 확연히 다르고 더 나은 서비스를 제공한다. 공공데이터가 제공되면 이 데이터를 이용해서 여러 가지 혁신적인 서비스를 만들수 있다.

CabSense라는 스마트폰 앱은 택시와 리무진 커미션에서 제공한 '택시 손님을 태운 곳과 내려준 곳'에 대한 수천만 건의 데이터를 가지고, 시간과 장소에 따라 가장 택시가 잘 잡힐 만한 곳을 지도 위에 보여준다. 기존의 공공데이터를 이용해서 새로운 서비스를 창출하고 시민들에게 더 나은 편의를 제공할 수 있는 혁신적인 아이디어다. 이러한 애플리케이션이 가능한 것은 공공데이터에 접근이 가능하기 때문이다.

이처럼 정부가 제공한 데이터를 가지고 민간에서 여러 가지 혁신적인 아이디어를 내고 이를 실현시켜 나갈 수 있다. 혁신과 창조는 공공데이터와 민간기업이 가지고 있는 데이터로도 충분하다. 그러나 공익적 목적으로 데이터를 공개하고 커뮤니티 자체의 정보를 계속 보태나가면 더욱 다양하고 풍부한 활용이 가능하다.

정부 서비스의 효율성 향상

뉴저지의 공공기록공개법(Open Public Record Act)에 따르면, 공공기관이 만든 데이터를 주민들이 신청할 때 데이터를 만드는 데 드는 실비만 요청자에게 청구하고, 보안이나 개인의 프라이버시 문제가 아닌 이상 데이터를 제공해야 한다. 미국연방정부에는 정보의 자유법(Freedom of Information Act)이 있다. 정부에서 가지고 있는 데이터를 누군가 요청하면, 필요한 정보 전체가 없더라도 부분적으로 또는 이전에 제공하지 못한 데이터를 제공해야 한다는 의무가 담겨 있다.

미국 뉴저지의 하일랜드에는 뉴저지 북부의 새로 생긴 상수원을 보호하기 위한 공공기관이 있다. 이 기관은 방대한 양의 지리정보 데이터와 수자원을 보호하기 위한 여러 가지 행정 규제들을 관리한다. 이 기관이 지역 마스터플랜도 책임진다. 상수원 보호를 위해 정부기관으로서 하는 일을 온라인 사이트에서 손쉽게 확인할 수 있다. 사이트에 접속하면 지도를 열 수 있고, 지도에서 필요한 범례를 체크해 다운받을 수 있다. 이는 그때그때 업데이트가 가능한 커뮤니티매핑의 장점을 활용한 것이다. 문서로 만들어두면 매번 문서를 열어서 수정하고 다시 저장하고 게시해야 하지만, 커뮤니티매핑에서 사용하는 지리정보 사이트를 이용하면 새로운 것들을 반영하자마자 사용자가 볼 수 있다. 삭제하면 바로 사라진다. 만들고 관리하는 사람이나 찾아보는 사람이나 모두가 편리하고, 시간도 절약된다.

칭찬할 만한 것은 또 있다. 새로 생긴 지역의 마스터플랜이 지역주

민에게 미치는 영향을 제대로 설명하기 위해 하일랜드 컨시스턴시
(Highlands Consistency)라는 온라인 지도 사이트를 제작했다. 주민이
관심 있는 택지를 누르면 여러 가지 지도들의 레이어를 볼 수 있다.
리포트로 정리되어 있어서 쉽게 다운받을 수 있다. 내게 필요한 택지
정보와 그 택지에 영향을 미치는 여러 가지 정책과 규제 등이 리포트
로 한 번에 싹 정리되어 나온다. 그러자 주민들의 전화가 줄어들어 담
당자들의 시간과 비용이 절약되었다. 주민들이 궁금한 게 있다고 하
면 정보 사이트를 알려주고 사용법을 안내한 뒤 다음 단계의 소통을
나누면 된다. 이런 사례는 주민들이 직접 참여하는 커뮤니티매핑에

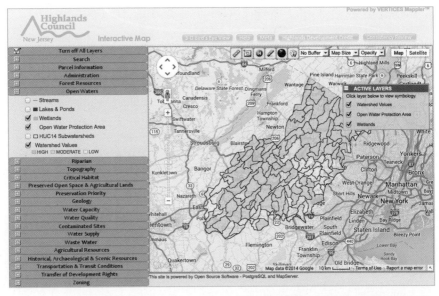

뉴저지 북부 하일랜드 지역의 도시계획 온라인 지도.
사이트를 방문하면 해당 필지에 관련한 토지 규제 정보를 모두 보거나 요약본으로 볼 수 있다.

서 발전한 전문적 매핑 과정으로, PPGIS를 활용해 집약적 데이터를 만든 것이다.

　정부기관과 시민들이 서로 데이터를 주고받는 형태도 가능하다. 미국의 '강 네트워크(River Network)'라는 기관에서는 코카콜라의 후원을 받아 커뮤니티매핑 사이트를 만들었다. 미국에서는 빗물을 모아서 다른 용도로 쓰기 위해 빗물 저장고를 사용하는 사람들이 많다. 정원과 마당을 가지고 있다면, 수돗물을 사용하는 것보다 훨씬 더 친환경적이고 비용을 줄일 수 있기 때문이다. 유튜브를 검색하면 효율적인 빗물 저장고 만드는 방법을 소개하는 영상이 많다. 미국 강 네트워크에서는 전국적으로 얼마나 많은 사람들이 레인배럴(빗물 저장고)을 사용하는지 알아보기 위해 커뮤니티매핑 기법을 활용했다. 이 사이트(http://www.rainbarrelregistry.com)는 수자원 환경에 관심 있는 사람들이 자기 집이나 마을에 있는 빗물 저장고 정보를 올릴 수 있게 했다. 당연히 스마트폰만 있으면 가능하다. 빗물 저장고를 만드는 사람들은 재활용 가능한 플라스틱을 사용하는 등 지속 가능한 발전을 위해 노력한다.

　사람들이 올려놓은 빗물 저장고 지도에 미국국립지리원에서 제공하는 토지 이용 데이터, 미국 기상청에서 제공하는 실시간 구름 지도 레이어를 덧붙이면, 어느 지역에 비가 올 예정인지 알 수 있으며 자신의 빗물 저장고가 잘 청소되어 있는지 미리 준비할 수 있다. 어느 지역 사람들이 빗물 저장에 더 많은 관심이 있는지도 한눈에 볼 수 있

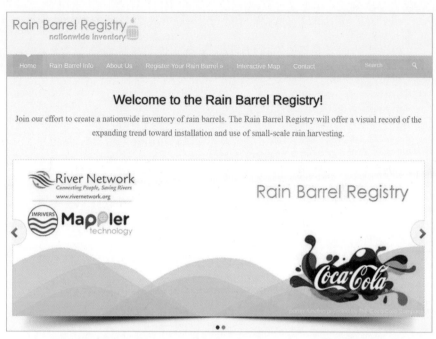

코카콜라와 한 사회공헌 프로젝트.
코카콜라 원액을 저장했던 통을 빗물 저장소로 만들어서 시민들에게 제공했던 위치를 보여주는 프로그램.

다. 빗물 저장고 커뮤니티매핑은 정부기관의 정보, 지방정부의 정보, 지역 활동가들의 정보가 교차하면서 데이터를 얼마나 더 수집할 수 있는지 그 가능성을 보여준다.

공공기관의 효과성 향상

앞서 뉴욕시의 음식점 위생 상태에 관한 정보 공개로 뉴욕시에 있는 음식점들의 위생 상태가 대폭 개선된 사례를 소개했다. 범죄나 치안 데이터를 제공함으로써 이 데이터를 범죄 예방에 사용하는 애플리케이션들도 등장하고 있다. 여러 민간단체들이나 지역시민들이 이 데이터를 가지고 지역을 더 안전하게 할 수 있는 방법을 찾아 실행하고 변화시킨다면, 지자체에서 목적하는 범죄 예방에도 훨씬 큰 효과를 거둘 수 있을 것이다.

커뮤니티매핑에서는 이런 범죄나 치안 데이터를 바탕으로 범죄 예방 정보를 더 많이 수집할 수 있다. 예를 들면 광주광역시 광산구에서 했던 커뮤니티매핑 프로젝트에서는 주민들이 느끼는 위험에 대한 정보, 안전 여부와 유해시설을 확인했다. 이 프로젝트의 기초자료는 광산구에 있는 기존의 치안 데이터였다. 공공기관이 가지고 있는 치안 데이터가 얼마나 현실과 맞아떨어지는지 비교·분석하는 것이다.

공공기관이 보유하고 있는 공공데이터를 공개하는 것은 무척 다양한 부분에서 공공의 이익이 될 수 있다. 정부의 투명성과 책임감 검증, 시민 참여 증대, 자체 역량 강화, 정부가 수행 중인 서비스의 개선, 신규 서비스의 창출, 혁신적인 아이디어, 정부 계획의 효율성 제고, 행정의 효과성 증대, 새로운 지식과 패턴을 통한 이해와 새로운 비즈니스, 사회 소외계층에 대한 자료 및 기회 제공 등이 공공의 이익이 될 수 있다.

공공데이터는 주민의 참여와 소통 및 자체 역량을 키우는 커뮤니티매핑의 초기 배경이 될 수 있다. 커뮤니티매핑으로 생기는 크고 작은 분야의 지역 데이터는 공공데이터가 미처 제공하지 못한 것을 보완할 수 있고, 나아가 공공데이터의 질을 높일 수 있다. 이렇게 데이터가 서로 상호보완되려면 데이터의 질 향상에 관한 노력과 연구가 병행되어야 한다. 공공데이터와 커뮤니티 주민의 데이터가 융합된 더 나은 양질의 데이터가 사회의 더욱 많은 잠재 혁신가들에게 제공되어야 지역사회 문제를 해결할 수 있다.

13

공익정보를
함께 만들다

이 책을 쓰고 있는 2021년에는 이미 모두 해결된 문제지만, 2020년 봄 처음 코로나 팬데믹이 선언되었을 때 마스크가 생존 필수품이 되었다. 마스크 대란이 이어져 연일 사람들이 약국 앞에 줄을 길게 늘어서야 했다. 나는 자연스럽게 허리케인 샌디 때 주유소 앞에 길게 기름통을 들고 서 있던 사람들을 떠올렸다. 우리는 '세상을 바꾸는 10초'라는 슬로건을 내걸고 마스크 시민 지도를 만들었다.

2020년 2월 27일과 2월 28일 저녁에 구글 교육자모임(Google Educator Group South Korea)을 통해서 나는 초·중·고등학교 선생님들에게 커뮤니티매핑 강의를 했다. 강의를 하던 중 선생님들이 코로나 마스크 판매 현황을 커뮤니티매핑으로 해보자고 제안했고, 참석했던 선생님들 열두 명과 함께 커뮤니티매핑 지도 프로젝트팀을 꾸렸다. 그후 매일 저녁 화상회의를 통해 정보를 공유하고, 마스크 현황 매핑을 위한 마스크 시민 지도 사이트를 개설했다. 사이트에 마스크 판매처를 입력한 후 입고 예정, 재고 있음을 표시하고 판매처의 정보를 입력하도록 했다. 또한 마스크 시민 지도라는 앱을 만들어서 참여자들이 판매처의 현황 정보를 쉽게 입력할 수 있게 했다. 허리케인 샌디나 뉴욕 화장실 지도를 만들 때와는 상당히 달라진 환경이었다. 몇 사람이 모여 구역을 나눠 입력하면 쉽게 정리할 수 있었다. 여기에 공공데이터를 넣을 수 있다면 더욱 간편해진다.

한국에는 수많은 앱이 무료로 뿌려지고 있다. 구글, 카카오, 네이버 같은 대형 포털사이트의 지도 외에도 병원과 약국을 소개하는 맵이 여러 종류 있다. 이 데이터를 모두 공공자산화해 함께 관리한다면 더 나은 데이터 품질을 약속할 수 있을 것이다.

최근엔 스타트업 기업들도 앱을 많이 만든다. 하지만 많은 사용자들이 경험했듯이 다양한 형태의 커뮤니티매핑은 관리자가 누구냐에 따라 그 품질이 달라진다. 특히 한국은 도시 변화가 놀라울 정도로 빠르다. 재개발과 철거가 수시로 이루어지고 새로운 도시가 순식간에 건설된다. 이렇게 빠른 변화는 새로 열거나 닫는 가게뿐 아니라 병원과 약국도 마찬가지다. 다이내믹한 한국은 정보를 일일이 업데이트하는 일 자체가 보통 어려운 게 아니다. 그만큼 정보가 교체되는 주기가 짧고 빠르다. 커뮤니티매핑으로 만들어놓은 정보에 자본을 가진 기업이 들어와 한꺼번에 확산하는 경우도 흔하다.

우리가 마스크 시민 지도를 만들어서 홍보하고 시민들의 정보를 하나씩 업데이트하던 때 포털사이트에서 커뮤니티매핑 방식의 마스크 지도를 제공했다. 몇몇 개발자들도 독립적인 마스크 지도를 만들었다. 다양한 방식의 정보가 시민들에게 제공된다는 건 좋은 일이다. 그러나 소수의 사람들이 처음에 이런 데이터를 제공했다가 업데이트 과부하에 걸려 정보 제공을 멈춰버리는 경우가 자주 발생한다. 마스크를 살 수 있는 곳을 표시했던 마스크 판매 정보는 어느 면으로 보나 공익정보에 해당한다. 그렇다면 이 정보를 통합해서 관리할 수 있는

코로나 사태 때 마스크 구매 장소를 실시간으로 보여주었던 마스크 시민 지도 커뮤니티매핑.

시스템을 만들고, 더 나아가 누구나 그 정보를 가지고 다양하게 활용할 수 있는 시스템을 갖춘다면 훨씬 좋지 않을까.

　도시 변화에 관해 언급했으니 한국에서 진행했던 도시 재생 관련 커뮤니티매핑 사례를 소개해보겠다. 도시에서 공동체의 중요성은 점점 높아지고 있다. 정부도 행정 체계를 촘촘히 만들어 사회안전망에서 소외된 이웃들을 살피고 있지만, 복지 사각지대가 여전히 존재한다. 우리는 그런 뉴스를 볼 때마다 아프고 슬프다. 내 주변 사람들이 함께 행복할 때 내 행복도 같이 생겨나기 때문이다.

　도시는 서로 연결되어 있으면서도 아이러니하게 분절되어 있다. 따라서 도시에서 공동체 구축과 유지는 매우 중요하다. 다른 여러 나라에서도 지역공동체의 중요성을 알고 있고, 도시계획 수립과 집행 과정에서 지역공동체를 회복하거나 유지하는 일을 중요하게 다루고 있다. 한국에서 더 나은 주거 환경을 만들기 위해 정책적으로 제시하는 도시 재생 사업은 가장 기초 단위인 마을공동체를 중심으로 설계되어야 마땅하다. 마을공동체는 주민 참여와 주민 자치를 실현할 수 있으며, 주민들이 피부로 느끼는 삶의 질과 공간의 질 개선에 기여할 수 있는 가장 효과적인 단위다.

　커뮤니티매핑만큼 마을 만들기 활동에 좋은 도구가 또 어디 있을까? 도시 재생 사업의 핵심은 주민 참여인데, 막상 살펴보면 도시 재생의 가장 큰 문제점으로 지적되는 것이 주민 간의 갈등이다. 도시 재생을 계획한다면 커뮤니티매핑으로 초기의 자산 조사를 더욱 효과적으로 할 수 있고, 이를 바탕으로 도시 재생을 설계할 수 있다. 여러 사람이 한 가지 프로젝트를 수행하면서 서로 역량이, 공감과 배려의 커뮤니티매핑에 참여하면서 주민 간의 상호 공감과 유대감이 강화된다. 그리고 지역 변화를 일으킬 수 있다는 자신감도 생긴다. 주민들이 스스로 만들어낸 데이터를 공공데이터로 전환시키는 것도 가능하다. 다시 말해, 공공에서는 마스크 시민 지도처럼 커뮤니티매핑으로 구축된 데이터를 더 많은 공익을 위해 관리할 수 있고, 도시 재생 현장에서는 커뮤니티매핑으로 수집한 데이터를 공공이 공익을 위해 점유하거나 활용하고 확장할 수 있다.

영등포 소상공인 커뮤니티매핑

영등포에서 경인로 일대의 도시 재생 활성화를 위한 소상공인 커뮤니티매핑을 진행한 적이 있다. 영등포 도시재생센터에서 정기적인 세미나를 통해 지역주민에게 동기를 부여하고 소상공인 업종 관련 커뮤니티매핑 지도를 제작했다. 이 프로젝트는 이전에 실행했던 문래동 커뮤니티매핑에서 토대를 쌓았다. 자원봉사자는 각 업종을 조사하고, 지역주민들은 자기가 경영하는 업소의 정보를 추가로 업데이트한다. 그러면 지역주민들의 상거래 행위가 일어나는 공간을 모델링할 수 있으며 마을 안에서의 연결성을 확인할 수 있다. 도시 계획의 허점으로 인해 접근성이 떨어지는 곳은 없는지 살필 수 있고, 복지 혜택이 필요한 주민들과 서비스 제공 시설 간의 거리도 한눈에 파악할 수 있다.

"도시 재생이든 마을공동체든 매개체가 있어야 사람이 모이는데 그 부분에서 지도는 확실히 큰 역할을 하는 것 같습니다."

"커뮤니티매핑 과정에서 지역주민 간 소통과 공감이 있어 좋았습니다."

"커뮤니티매핑을 통해 마을을 둘러보니 색다르게 보이는 것들이 많았습니다. 무심코 지나쳤던 것들도 자세히 보게 되면서 '관심'이 생겼습니다."

영등포구 소상공인 커뮤니티매핑 참여자들이 밝힌 소감이다.

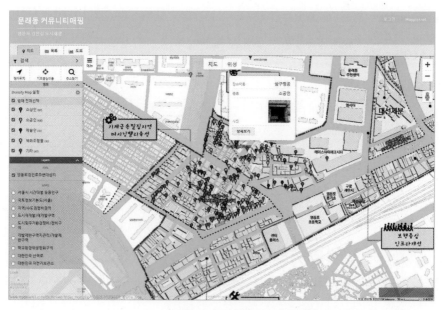

영등포 문래동 지역에서 수행한 영등포 소상공인 커뮤니티매핑 지도.

영등포나 문래동 외에도 강북구 삼양동 햇빛마을에서는 삼양초등학교 학생들과 다양한 커뮤니티매핑을 진행했다. 옛이야기 커뮤니티매핑과 골목 탐방, 자산 조사가 대표적이다. 옛이야기 커뮤니티매핑 때는 마을 어르신을 모시고 사라져가는 마을의 이야기를 듣고 어린이들이 마을 어르신과 함께 온라인 지도에 기록했다. 어린이들은 삼양동의 유래와 숨어 있는 명소를 발견할 수 있었으며, 어르신들이 들려주는 옛이야기에 빠져들었다. 이야기는 사람의 삶을 풍요롭게 만든다. 어린이들은 지도 위에 이야기 정보를 데이터로 만들어 올리면서 '우리 마을은 이야깃거리가 많은 재미난 곳'이라는 인식을 갖게 되고, 어르신들은 지역사회에 공헌했다는 만족감을 얻는다.

마을은 여러 가지 자산을 가지고 있다. 통학로 지도, 사회 서비스, 체육시설과 같은 매핑은 유형의 자산이지만, 어르신들의 이야기나 지역문화 자산은 무형의 자산에 해당한다. 이런 데이터를 바탕으로 골목 여행, 마을 여행을 구상할 수 있고, 마을 스토리텔링으로 활용할 수 있다. 가능성이 무궁무진하다.

"바닥과 담벼락에 균열이 있고 눈·비가 오면 위험하겠다는 생각이 드는 곳이 많았어요. 그런데 숨어 있는 보물처럼 예쁜 집도 있었어요. 골목골목이 주는 정취…… 그런 것들이 매력 있어요. 지대가 높은 곳에 있어서 조망이 좋은 포인트가 몇 군데 있었는데, 걷기 편한 바닥으로 보수가 되면 더 좋을 것 같다는 생각을 했습니다.

커뮤니티매핑을 하면서 시민 참여 방식으로 부산 감천마을의 벽화와 같이 우리 지역의 특성을 살려 차별성을 가지고 변화를 주면 좋지 않을까 생각했습니다. 저는 골목 여행을 자주 하는데, 정리가 되어 있는 마을이면 옛 정취를 느낄 수 있는 볼거리가 많은데, 삼양동 햇빛마을은 무방비 상태인 것 같아요. 잠깐이지만 프로그램에 참여하면서 도시 재생도 그렇지만 커뮤니티매핑으로 시대와 지역 특성에 맞는 마을 단위의 공동체를 만들어가는 것도 중요하다고 생각했습니다.

지난번 삼양초등학교 구술사 이후 오늘까지 두 가지 유형의 커뮤니티매핑에 참여하면서 여러 분야에서 커뮤니티매핑을 활용할 수 있

서울시 삼양동 햇빛마을에서 진행한 동네 한 바퀴 커뮤니티매핑 활동.

겠구나 생각했습니다. 만약 마을을 새로 만든다고 하면 지금 함께 이야기한 것들이 스며든 마을을 만들고 싶습니다."

삼양동 햇빛마을 동네 한 바퀴 커뮤니티매핑 참여자의 소감이다.

14
정보 공유의
기준

앞서 커뮤니티매핑과 공공데이터를 결합할 때, 그 효과를 극대화할 수 있고 참여자들과 해당 지역에 상당한 사회적 기여를 할 수 있다는 점을 살펴봤다. 커뮤니티매핑의 활용도는 프로젝트를 설계하는 과정에서 얼마나 창의성을 발휘하느냐에 따라 무한하다. 하지만 우리가 잊지 말아야 할 게 있다. 정보 취급의 윤리성이다.

스마트폰 시대를 살고 있는 우리는 어쩔 수 없이 거대한 데이터기업과 정보를 공유하며 살아간다. 구글과 같은 회사는 우리들의 정보를 많이 가지고 있다. 개인정보를 상업적으로 이용하지 않는다고 하지만, AI의 알고리즘으로 인해 내가 검색한 물건이 계속 SNS에 뜨는 것을 보면 분명히 우리의 정보는 합법적으로 어디론가 새어나간다. 기업은 정보가 곧 돈이라는 걸 정확히 알고 있다. 안타깝게도 사용자들은 정보 공유에 대해서 예민하게 굴지 않는 편이다. 스마트폰과 신

용카드를 사용하는 사람들은 자기 정보가 외부로 흘러나가는 것을 막을 방법이 없다.

처음 내가 PPGIS를 시작했을 때만 해도, 지도 정보를 가지고 꽤 많은 돈을 벌 수 있었다. 인터넷이 보급되면서 대기업이 만든 지도를 누구나 사용할 수 있게 공개했는데, 대기업이 이 정보를 선한 마음만으로 제공했다고 보기 어렵다. 지도를 누구나 사용할 수 있게 되었을 때 기업체가 얻는 수익모델이 있다. 우리가 사용하는 수많은 지도 앱은 부지불식간에 개인의 정보를 취합하며, 개인의 정보를 다른 데 팔아넘기지 않더라도 빅데이터의 소스가 된다. 무료 지도는 그 대가이다. 생활이 편리해지고 유상의 정보가 무료로 평등하게 제공되는 것에 대한 대가는 분명하다. 따라서 우리는 더욱 안전하게 정보를 관리할 수 있는 장치를 만들어야 하고, 취합된 빅데이터를 공공의 목적을 위해 사용해야 한다.

원격의료나 의료정보 제공을 둘러싼 첨예한 찬반론이 대표적인 사례이다. 병원에 가기 힘든 사람이 원격의료로 쌓은 정보와 수시로 체크한 심전도나 혈당 정보를 질병을 예방하는 용도로 사용한다면, 이 정보는 분명 공공의 목적을 위해 사용하는 것이다. 그러나 그 정보를 누가 활용하느냐에 따라 개인의 정보를 탈법적으로 수집해 이득을 챙기는 집단이 생길 수 있다. 가령 무료로 질병을 예방해준다며 보험회사나 제약회사가 빅데이터를 계속해서 수집해 공익적 목적 외에 다른 용도로 쓸 수도 있다. 귀찮을 정도로 보험 가입을 권유하거나 약물 과용이 의심되는 약품 정보를 끊임없이 제공할 때 얼마나 정보를 차단할 수 있을지는 시민의 역량에 달려 있다.

코로나19 바이러스로 한국 정부는 질병관리본부를 질병관리청으로 승격시켜 질병을 관리하고 있다. 가까운 미래에 각 정부는 정보를 관리하는 관청을 만들어야 할지 모른다. 정보가 어떻게 취합되고 그 취합된 정도가 얼마나 막강한 힘을 갖는지는 커뮤니티매핑을 공공데이터와 결합해서 다양한 분석을 해봤을 때 더 쉽게 깨달을 수 있다. 또한 미세먼지와 같이 특정기관에서 평균이라고 말하는 데이터가 어떤 착시 현상을 일으키는지도 체험을 통해 파악할 수 있다. 실천해본 사람이 더 빨리 깨달을 수 있다.

커뮤니티매핑은 스마트폰과 지리정보기술로 가능한 방법 중의 하나다. 그러나 여기서 강조해야 할 것은 참여와 교육, 역량 강화와 같은 커뮤니티매핑의 가치다. 참여자들이 세상을 바꿀 수 있다는 확신을 갖고 지역을 바꾸는 일에 더 능동적으로 참여하게끔 만들어야 한다. 성공의 경험은 중요하다. 강화된 개인의 힘이 모여 더 효율적인 집단지성이 만들어지고, IT기술이 사람과 세상을 위해 쓰일 수 있도록 조율해야 한다.

스마트폰과 다양한 IT기술이 결합하면서 부작용이 많이 생기고 있다. 그러나 그 이전에 기술의 발전에 힘입어 인류가 어떤 일들을 해나갈 수 있는지 적극적으로 모색하는 것이 중요하다. 스마트폰과 IT기술의 결합은 결과적으로 더 많은 정보를 더 널리 퍼뜨려 모두가 평등하게 정보에 접근할 수 있게 한다. 또한 정보를 공유하면서 효율과 효과, 형평성을 추구해나갈 수 있다. 정보평등의 세상은 개인의 시민성을 강화하는 토대가 된다.

그러나 평등한 정보 공유를 추구할 때 개인정보가 동의 없이 무차별적으로 전파되는 것을 주의해야 한다. 일본 도쿄에서 NGO단체가 홈리스 커뮤니티매핑을 조사한 적 있다. 독거노인이나 무연고자의 실태 파악을 위한 커뮤니티매핑은 사회복지 시스템을 구축하는 데 큰 도움이 된다. 그러나 이 과정에서 개인정보가 유출되지 않도록 주의해야 한다. 독거노인, 취약계층, 여성을 대상으로 하는 커뮤니티매핑에서 만들어진 데이터가 범죄나 사회적 차별로 이어질 수 있기 때문이다.

몇 년 전에 한 지자체에서 길고양이 실태를 알아보고 이를 보호하겠다는 목적으로 길고양이 커뮤니티매핑을 실행했으나 실패했다. 많은 동물보호운동가들이 오히려 길고양이를 괴롭히려는 사람들에게 정보가 악용될 수 있다며 조사 작업 중단을 요청했고 커뮤니티매핑을 보이콧했다. 독사가 맑은 샘물을 마시면 독이 된다는 옛말처럼 정보도 누구 손에 들어가느냐에 따라 악용될 수 있다. 정보공개 대상을 미리 유추해 선과 악을 판별할 수 없으니 애초에 악용될 수 있는 소지를 만들지 않는 것이 좋다.

정보 취약자들에게는 스마트폰을 활용해 정보에 접근할 수 있다는 사실을 알리고, 집단지성을 활용해 정보 접근이 어려운 사람들을 돕는 것이 중요하다. 개인정보가 타인에게 공유되어 활용되는 일뿐 아니라, 안전과 안보 데이터를 취급하는 커뮤니티매핑에서는 비밀 유지와 보안에 더욱 철저하게 접근할 필요가 있다. 일반 시민에게 공개할 수 있는 데이터와 그렇지 않은 정보를 잘 구분해야 한다. 그리고 정보 공개로 재산권을 침범하는 일이 없도록 주의해야 한다.

커뮤니티매핑은 여러 사람이 함께 참여해 역량을 키우고 시민으로 거듭날 수 있는 수단이다. 더욱 전문적으로 활용하면 시민주권을 회복하고 세상을 바꿔낼 수 있는 빅데이터가 될 수 있다. 개인의 이익을 위해 활용하면 커뮤니티매핑의 목표도, 가치도 찾을 수 없다. 궁극적으로 커뮤니티매핑이 지향하는 것은 사회혁신이며 평등한 세상을 위한 탐구 자세다. 커뮤니티매핑은 요컨대 함께 선을 이루는 공동체 활동이다. 함께 모여 협력하고 선을 이루는 것, 이것이 커뮤니티매핑의 핵심이다.

나가며

2018년 3월 11일 한국에서 장애인 커뮤니티매핑 프로젝트를 마치고 미국행 비행기를 타기 전, 페이스북에 올라온 송내고등학교 학생의 글을 보았다. 학생은 커뮤니티매핑 활동을 하면서 자기 자신을 돌아보게 되었다고 한다. 장애인 편의시설 커뮤니티매핑을 하면서 건물 문 앞의 턱과 경사로 설치 여부 등 평소에 자신이 신경 쓰지 않던 부분들이 누군가에는 아주 중요한 문제가 된다는 것을 느꼈다면서, 장애인 편의시설의 필요성에 대해 깊이 생각해보고 관심을 갖게 되었다고 했다. 커뮤니티매핑은 한 사람 한 사람의 배려로 누군가를 도울 수 있는 활동이며, 이를 많은 사람들에게 알리고 싶다는 말도 덧붙였다.

미국에서 커뮤니티매핑을 시작하고 2013년 한국에 커뮤니티매핑 센터를 설립해 현재에 이르기까지, 전국을 다니며 '커뮤니티매핑'을 확산시키고자 노력했던 결과가 이 학생의 글에 있었다. 짧은 글 안에 참여와 소통을 통해 사람과 사람이 이어지고 지역사회와 지역사회가 이어져나가는 모습이 보였고, 내가 꿈꾸는 '협력해 선을 이루는' 더 나은 사회가 만들어지고 있다고 느꼈다. 커뮤니티매핑이 학생들에게 '참교육'이 되었다는 생각에 미국으로 떠나는 길이 서운치 않았다. 지금까지 커뮤니티매핑에 마음을 모아 함께해준 모든 분들에게 고맙다.

바른 인성을 갖춘 창의융합형 인재를 길러내는 커뮤니티매핑

학교와 학원에서 배우는 것만 교육일까? 지식을 암기하고 좋은 대학에 가는 것만이 교육의 목표는 아니다. 현 교육과정의 교육목표는 '바른 인성을 갖춘 창의융합형 인재'를 길러내는 것이다. 이를 위해 미래 인재가 갖추어야 할 핵심 6대 역량은 ❶ 공동체 역량 ❷ 의사소통 역량 ❸ 자기관리 역량 ❹ 지식정보처리 역량 ❺ 창의적 사고 역량 ❻ 심미적 감성 역량이다.

  기존의 강의식 수업이나 주입식 수업으로는 이러한 핵심 역량을 키우기 어렵다. 학생들은 공동체 문제에 관심을 갖고 어려움이나 불편함에 공감하는 과정, 함께 문제를 해결하는 과정을 통해 공동체 역량과 의사소통 역량을 키울 수 있다. 또한 문제를 해결하는 방법과 도구를 찾고 배우는 과정, 그리고 그것을 이용해 문제를 직접 해결해보면서 지식정보처리 역량과 창의적 사고 역량을 기를 수 있다. 이 핵심 역량들은 서로 분절되어 있지 않고 유기적으로 연결되어 있기 때문에 배움이 일어날 수 있는 적절한 문제 해결 상황을 제시하고 함께 문제를 해결해나가는 방식의 교육과정이 필요하다. 커뮤니티매핑은 이에 잘 어울리는 교육 프로그램이다.

장애인 접근성 커뮤니티매핑 활동에 참여하는 학생들은 배려와 공감을 배우며, 참여와 소통을 통해 이 세대를 리드하는 학생으로 성장할 수 있다. 학생들은 커뮤니티매핑 활동을 하면서 스마트폰과 공공데이터를 활용해 공익적 문제를 해결하는 경험을 해볼 수 있다.

4차 산업혁명에 대해 가장 논의가 활발한 곳은 아무래도 한국 같다. 새로운 물결을 시장성으로 판단하는 것 같기도 하다. 다가오는 미래가 두렵기는 하다. 기술은 너무 앞서가고, 사회는 양극화를 넘어서 아주 소수의 사람들만 이익을 본다. 그렇다면 4차 산업혁명이 필요로 하는 인재가 과연 기술적으로 능숙한 사람일까? 절대 그렇지 않다고 생각한다. 공동체 구성원 모두의 삶이 더 나아질 수 있도록 이끄는 리더십, 자기 권리를 잘 알되 공공의 이익을 위해 애쓰는 헌신, 함께 협력해 더 나은 세상을 꿈꾸는 창의력이 필요하다.

커뮤니티매핑에서 중요하게 여기는 참여, 소통, 공감, 배려가 바로 4차 산업혁명 시대에 필요한 인간의 소양이다. 다른 사람은 무엇이 필요한지 파악하고, 나는 무엇을 할 수 있는지 찾아낼 수 있는 사람이 많아져야 기술에 끌려다니지 않을 수 있다. 결국 커뮤니티매핑에서 필요한 사람은 사회를 함께 만들어가기 위해 더 넓은 곳에서 참여하는 민주시민이다.

커뮤니티매핑을 통해 지역사회에 임팩트 창출

나는 커뮤니티매핑의 목적을 단순히 지도를 만들어내는 것에 두지 않았다. 이미 온갖 기술로 만든 정확하고 세분화한 다양한 지도들이 있기 때문이다. 전문가들이 만드는 지도는 우리가 정보를 취하기만 하면 되지만, 커뮤니티매핑은 스스로 참여해 의제를 발굴한다는 데 그 의의가 있다. 지역주민들은 일방적인 정보 제공이 아닌 건물이나 학교, 병원, 도서관 등 물리적인 자산을 보면서 그 안에 깃든 이야기를 찾아내고 수집해 데이터화함으로써 지역의 의제를 발굴한다. 그리고 스스로 무엇을 할 수 있는지 상상한다.

이 과정에서 사람들은 자연스럽게 연대한다. 내가 보지 못한 것을 찾아내는 다른 사람의 시선과 관점을 공유하게 되고, 한 사람과 한 사람의 대화는 공동체와 공동체 사이의 연결점이 된다. 점과 점이 만나 선을 긋고 면을 이루는 것이 커뮤니티매핑의 원리다.

나는 2013년부터 한국과 미국을 오가며 장애인 접근성, 도시 재생, 마을 · 역사 · 문화, 노인복지, 재난, 안전, 환경 · 자연, 초중고 교육, 의료 · 보건 등 다양한 분야에서 커뮤니티매핑 프로젝트를 진행하고 있다. 한국에서의 커뮤니티매핑은 관 주도로 할 경우 지속성의 문제가 가장 컸다. 공공기관의 예산이 투입되면 누군가의 업무가 되어 시민 주도형 커뮤니티매핑의 본질이 희석되는 경우가 많았다. 예산이 끊기면 사업은 종료되고 지도는 낡은 것이 되어버린다. 커뮤니티매핑은 역동적으로 움직이는 것이 관건이다. 누군가의 성과가 될 수도 없고 되어서도 안 된다. 커뮤니티매핑은 누군가가 제공하는 정보가 아니라 스스로 만들어나가는 참여 기반의 공동체 만들기이며, 그 매개물로 지도가 개입해 개인의 역량을 강화하는 것이다.

커뮤니티매핑 기술이 사회에 미치는 영향력

커뮤니티매핑 기술이 사회에 미치는 영향력은 크게 두 가지다.

첫째, 커뮤니티매핑을 통해 사람과 사람, 지역사회 간의 소통과 참여, 협력 촉진이 가능하며 결국 커뮤니티로부터 지역 자산의 데이터가 구축되고 체계화될 수 있다는 점이다.

둘째, 커뮤니티매핑 과정에서 시민들의 참여로 만든 데이터가 지자체와 정부의 지리정보에 활용될 때 지자체는 더 효율적인 계획을 실행할 수 있다. 무엇보다 해당 지역 구성원들의 참여로 축적된 커뮤니티 데이터는 지자체가 갖기 어려운 새로운 시각과 관점으로 구성될 수 있을 뿐만 아니라, 주민과 참여자들의 요구와 필요에 맞춘 지역사회 서비스를 계획하는 데 매우 유용한 참고자료가 된다.

결과적으로 커뮤니티 지리정보와 관련 데이터는 지역 구성원들의 의견 제안 혹은 지식 등을 시각화함으로써 사회 및 도시의 제반 문제 상황을 인식하고 그에 알맞은 대책 수립을 돕는 효과적인 수단이 될 수 있다.

커뮤니티매핑이 나아가야 할 방향

커뮤니티매핑은 다음과 같은 명확한 방향을 갖는다.

첫째, 커뮤니티매핑 기술이 파급 효과를 갖기 위해서는 커뮤니티매핑을 실천할 수 있는 인력을 양성하는 것이 중요하다. 기술적인 환경은 급속히 발전해 거의 완성 단계에 다다랐으며, 이제는 사용자 편의에 맞추어 개발된 기술을 습득하고 실천하는 시민들의 몫이 주요 과제로 남았다. 시민들의 적극적인 참여로 기술을 배우고 전파함으로써 많은 시민들이 지리정보를 쉽고 효율적으로 생산, 소비, 보급, 전파하는 것이 최종 목표이다.

둘째, 자연재해나 사회, 환경 문제를 다룬 커뮤니티매핑 정보가 현실화되기 위해서는 다양한 기관과의 연계와 협력이 필요하다. 현재 한국에서도 커뮤니티매핑에 대한 관심이 조금씩 증가하면서 많은 곳에서 여러 분야에 적용을 시도하고 있다. 이를 위한 예산의 효율적 운영과 효과적 결과 도출을 위해서는 다양한 기관들의 연계와 협력이 우선시되어야 한다.

셋째, 플랫폼을 계속 유지하고 개선시켜 한국에 맞게 상용화하는 것이 필요하다. 여러 커뮤니티의 상황과 여건에 맞도록 기존의 커뮤니티매핑 플랫폼과 기술을 잘 정립하고, 이를 지역사회의 관점과 의견을 더욱 효율적으로 반영하는 솔루션으로 발전시켜야 한다.

세상과 나를 바꾸는 지도, 커뮤니티매핑

정말 숨 가쁘게 달려왔다. 지금 이 시간에도 데이터는 열심히 축적되고 있다. 다함께 노력한 결과가 사라지지 않기 위해서는 지속적인 활동이 연결되어야 한다. 측정할 수 없으면 평가할 수 없고 참여하지 않으면 공감할 수 없다. 참여하니까 보이고 보이니까 공감할 수 있는 것이다.

커뮤니티매핑의 본질을 잘 살리면 미세한 부분에서 사회혁신이 가능하다고 믿는다. 혁신은 듣도 보도 못한 새로운 세계에서 오는 것이 아니라, 바로 우리가 발 딛고 사는 이 땅에 있는 것들을 잘 관찰할 때 일어난다. 중요한 것은 지금이다. 혁신은 커뮤니티 안에 있다. 개인은 사회에 기여할 수 있는 역량을 충분히 가지고 있으며 준비도 되어 있다. 길잡이가 올바로 설 때 준비된 개인들이 일어날 것이다. 이 기여는 거대한 것이 아니다. 일곱 살 아이의 귓속말로 위대한 혁신이 일어날 수도 있다. 사람과 사람이 만나 같은 곳을 바라보는 것, 그때 사회혁신의 불꽃이 일어난다.

앞으로도 더욱 많은 사람들이 커뮤니티매핑을 하는 과정에서 참여를 통해 소통하고 공감하면서 나와 다름을 깨닫고, 상대방에 대한 배려로 또 다른 이의 필요를 볼 수 있기를 바란다. 또한 리빙랩과 시민과학을 지역 문제 해결 도구로 활용하고, 스마트폰과 ICT를 이용해 '내가 사는 동네와 세상을 바꾸는 법'을 배우며, 우리 모두가 조금 더 나은 사람으로, 조금 더 행복하고 조금 더 세상에 도움이 되는 사람으로 바꾸어가는 세상을 꿈꿔본다. 그래서 우리 모두(커뮤니티)가 그리는 지도가 '세상과 나를 바꾸는 지도'가 되기를 바란다.

커뮤니티매핑센터를 후원해주세요

비영리사단법인인 커뮤니티매핑센터는 공익법인지정기부단체로 커뮤니티매핑 서비스 제공을 통하여 사회혁신을 실천하고 있습니다. 기부금과 사회혁신을 위한 제한적인 프로젝트 추진으로 센터를 운영하고 있으나, 그 규모가 센터를 유지하기에 부족한 상황입니다. 따라서 저희 센터의 지도 서비스가 필요한 곳에 만족스러운 기회를 제공하지 못하고 있는 것이 현실입니다.

많은 공공 및 공익단체 등에서 프로그램을 무상 또는 할인된 금액으로 활용하고자 저희 센터에 많은 의뢰를 하고 있으나, 센터의 형편을 감안할 때 만족스러운 서비스를 제공하지 못하고 있어 안타까운 실정입니다. 센터의 지속적 운영과 유지를 위해 여러분의 후원이 절실합니다. 보내주신 후원금은 사회혁신을 실천하고 안정적으로 지역을 돕는 사회공헌 프로젝트를 제공하는 데 디딤돌이 될 것입니다. 꼭 필요한 곳에 커뮤니티매핑 도구가 활용될 수 있도록 여러분의 적극적인 후원을 기다립니다.

커뮤니티매핑센터 후원에 관한 자세한 정보를 원하시는 분은 http://www.cmc korea.org로 방문하시면 됩니다. 자세한 후원 정보를 확인하실 수 있습니다.

후원계좌 : 기업은행 020-108449-04-031

세상과 나를 바꾸는 지도, 커뮤니티매핑

1판 1쇄 인쇄 2021년 7월 15일 | **1판 2쇄 발행** 2022년 7월 10일

지은이 임완수 | **일러스트** 이정민 | **펴낸이** 임중혁 | **펴낸곳** 빨간소금 | **등록** 2016년 11월 21일(제2016−000036호)

주소 (01021) 서울시 강북구 삼각산로 47, 나동 402호 | **전화** 02−916−4038

팩스 0505−320−4038 | **전자우편** redsaltbooks@gmail.com

ISBN 979−11−91383−05−8(03300)

• 책값은 뒤표지에 있습니다.